Bisher sind im BASTEI-LÜBBE Taschenbuchprogramm als
Sweet-Love-Super-Special nachstehende Bände erschienen:

Kate William

Her mit den flotten Franzosen!

Der extra dicke Lese-Spaß
nach einer Idee von Francine Pascal

BASTEI
LÜBBE

BASTEI-LÜBBE-TASCHENBUCH

Sweet Love Sonderband
Band 56 503

Deutsche Lizenzausgabe 1987
Bastei-Verlag Gustav H. Lübbe GmbH & Co., Bergisch Gladbach
Originaltitel: Spring Break
Ins Deutsche übertragen von Brigitta Booz
Titelfoto: Bastei
Umschlaggestaltung: Quadro-Grafik, Bensberg
Druck und Verarbeitung:
Elsnerdruck, Berlin
Printed in Western Germany
ISBN 3−404−56503−7

Der Preis dieses Bandes versteht sich einschließlich
der gesetzlichen Mehrwertsteuer.

1 Elizabeth Wakefield sah durch das schmale Fenster im Flugzeug und winkte eifrig den drei kleinen Gestalten zu, die an einem der Fenster der internationalen Abfertigungshalle standen.

»Liz, die Mühe kannst du dir sparen«, sagte Jessica, ihre Zwillingsschwester, und lehnte sich bequem zurück. »Sie können dich sowieso nicht sehen.« Jessica konnte kaum erwarten, daß das Flugzeug endlich startete.

»Ich weiß, Jessie. Eigentlich winke ich auch mehr für mich selbst und nicht, um den dreien eine Freude zu machen. Sozusagen als allerletzten Abschied, verstehst du?« Sie winkte ihren Eltern und ihrem Bruder, Steven, weiter zu.

»Nein, ehrlich gesagt, verstehe ich es nicht«, erwiderte Jessica ein wenig ungeduldig. »Wir fahren doch nur ganz kurze Zeit weg. Und du bist schon für viel längere Zeit verreist.«

Elizabeth lachte. »Du hast ja recht. Aber diesmal ist es etwas ganz Besonderes. Jessica, stell dir bloß vor — wenn wir morgen früh aufwachen, sind wir mehr als zehntausend Kilometer von Kalifornien entfernt! Jetzt erzähl mir bloß nicht, daß dich das total kalt läßt, du Supercoole!« Sie piekste ihre Zwillingsschwester mit dem Finger in die Seite.

Die Französischlehrerin an der Sweet Valley High School, Mrs. Dalton, hatte für diese Ferien ein Schüleraustausch-Programm arrangiert. Nach einer aufregenden Zeit der Vorbereitung waren Elizabeth und Jessica jetzt auf dem Weg nach Cannes, einer der faszinierendsten Städte an der französischen Riviera.

Jessica gab sich Mühe, so gelassen wie möglich zu wirken, aber Elizabeth bemerkte sofort, wie gespannt ihre Schwester plötzlich war, als ein junges Paar auf der anderen Seite des Gangs anfing, sich auf französisch zu unterhalten. Es war unmöglich, dabei noch gelassen zu bleiben!

»Liz, hör doch mal!« Jessica runzelte angestrengt die Stirn und versuchte, ein paar Brocken von der Unterhaltung zu verstehen. Nach ein paar Sekunden machte sie ein enttäuschtes Gesicht. »Ich weiß ja, daß ich in Mrs. Daltons Stunden ruhig ein bißchen mehr mitarbeiten könnte, aber das hier ist einfach lächerlich! Ich verstehe kein einziges Wort. Du etwa?«

»Nicht sehr viel«, gab Elizabeth zu. »Aber mach dir deswegen keine Sorgen. Du weißt doch, Mrs. Dalton hat gesagt, daß wir etwas Zeit brauchen werden, um uns an den Klang von echtem Französisch zu gewöhnen. Es dauert etwa …«

»Wie lange?« unterbrach Jessica sie mit blitzenden Augen. Sie rutschte unruhig auf dem blaubezogenen Sitz hin und her. »Wir haben doch nur eine Woche Zeit!«

»Zehn Tage«, berichtigte Elizabeth sie, »und dir wird nichts anderes übrigbleiben, als dich damit abzufinden und ein bißchen Geduld zu haben.« Aber

Elizabeth wußte nur zu gut, daß Geduld für Jessica Wakefield zu den sieben Todsünden zählte.

»Na ja, ich habe gehört, daß da drüben sowieso alle Englisch sprechen«, erwiderte Jessica.

»Ehrlich, Jessie! Wir machen diese Reise unter anderem, um unser Französisch aufzubessern.« Elizabeth seufzte. Äußerlich waren sie und ihre Schwester nicht zu unterscheiden – sie waren beide hübsch, schlank, mit atemberaubenden Figuren und schulterlangem, blondem Haar – aber in ihrem Wesen unterschieden sie sich dafür um so mehr.

Elizabeth war ein offener, großzügiger Mensch, ehrlich und verläßlich. Sie glaubte immer an das Gute in einem Menschen. Und während Jessica auf der einen Seite wegen ihrer quirligen, unternehmungslustigen Art allgemein beliebt war, konnte sie manchmal ein richtiges kleines Biest sein. Sie bekam immer, was sie wollte, egal, wem sie dabei auf die Zehen trat.

Während sich die letzten Passagiere auf ihre Plätze setzten, antwortete Jessica ihrer Schwester. »Mag sein, daß du nach Frankreich fliegst, um dein Französisch aufzupolieren«, bemerkte sie. »Ich jedenfalls habe vor, dort eine tolle Zeit zu verleben – und sonst nichts.«

»Du tust, als wäre ich die letzte Langweilerin«, protestierte Elizabeth. »Ich bin fest entschlossen, meinen Spaß zu haben. Aber zufällig finde ich es nun mal unheimlich aufregend, eine andere Sprache sprechen zu müssen.«

Jessica zuckte mit den Schultern. »Du vielleicht.« Sie wandte den Blick von dem französischsprechenden Paar, um den dicklichen, kahlköpfigen Mann zu betrachten, der neben ihr saß.

Sie und Elizabeth sahen zu, wie er sich ein kleines Kissen hinter den Kopf schob, in seinen Diplomaten-koffer griff und eine Schlafmaske aus schwarzem Satin herausholte. Er streifte die Maske über die Augen und steckte die Beine unter dem Vordersitz aus.

»Ich nehme an, er braucht seinen Schönheits-schlaf«, flüsterte Jessica Elizabeth ins Ohr.

Elizabeth unterdrückte ein Kichern. »Bestimmt. Wenn er bei der Landung wieder aufwacht, wird er mindestens wie Robert Redford aussehen!«

Ihr Gelächter wurde von einem Knistern im Laut-sprecher unterbrochen. »Guten Tag, meine Damen und Herren«, begann eine weibliche Stimme, »wir begrüßen Sie an Bord des Fluges sieben-vierunddrei-ßig nach Nizza, Frankreich, über Kennedy Internatio-nal Airport in New York City.«

Elizabeth lief es vor lauter Aufregung kalt den Rük-ken hinunter.

Die weibliche Stimme fuhr fort: »Die Flugzeit nach New York wird etwa sechs Stunden und zwanzig Minuten betragen; die Flugzeit von New York nach Nizza schätzungsweise sieben Stunden. Wir werden am Kennedy-Airport eine Dreiviertelstunde Zwi-schenaufenthalt zum Nachtanken haben. Die Passa-giere können in dieser Zeit das Flugzeug für eine halbe Stunde verlassen. Wir werden etwa um zwölf Uhr fünfundvierzig Ortszeit in Nizza landen. Nun möchten wir Sie noch bitten, Ihre Sicherheitsgurte anzulegen, Ihre Sitzlehnen hochzustellen und ab sofort das Rauchen einzustellen.«

Der Lautsprecher knisterte wieder, und eine etwas tiefere Stimme ertönte. *»Bonjour, mesdames et messieurs«*, begann sie, *»bienvenue au vol sept-cent trente-quatre.«*

Elizabeth geriet fast aus dem Häuschen. »Jessie, es geht los! Jetzt geht es wirklich los!« Sie packte Jessica am Arm und drückte ihn fest, während die restliche Durchsage für die französischsprechenden Passagiere wiederholt wurde. Selbst Jessicas aufgesetzte Gelassenheit schwand für einen Moment.

Dann stellten sich mehrere Flugbegleiter an verschiedenen Stellen in der Flugkabine auf und begannen, die Handhabung der Sauerstoffmasken und die übrigen Sicherheitsvorkehrungen zu erklären.

Jessicas fröhlicher Gesichtsausdruck war mit einemmal verschwunden. »Das ist es, was ich beim Fliegen so hasse«, brummelte sie. »Es erinnert mich an all die gräßlichen Sachen, die einem zustoßen können, wenn man in der Luft ist. Warum können sie diesen Teil nicht einfach weglassen?«

»Es ist doch nur eine Vorsichtsmaßnahme, genau wie das Anschnallen«, beruhigte Elizabeth ihre Zwillingsschwester. Auch wenn Jessica es nie zugegeben hätte, wußte Elizabeth genau, daß ihre Schwester ganz schöne Angst vorm Fliegen hatte. »Mach dir keine Sorgen, Jessie.«

»Wer sagt denn, daß ich mir Sorgen mache?« erwiderte Jessica. »Ich habe nur keine Lust, mir gleich zu Beginn meiner Ferien über solche Sachen Gedanken zu machen.«

»Dann laß es doch sein«, riet ihr ihre Schwester und tätschelte ihr beruhigend das Knie. »Es gibt so vieles, auf das du dich statt dessen konzentrieren kannst. Zum Beispiel darauf, daß wir rollen.« Sie lehnte sich zurück, damit Jessica an ihr vorbei aus dem Fenster sehen konnte.

»Mensch, du hast recht! Guck mal, Mom, Dad und Steven sind schon ganz weit weg!«

Elizabeth sah noch ein letztes Mal zu ihrer Familie zurück, während das Flugzeug zur Startbahn rollte. Die Flugbegleiter nahmen ihre Plätze ein, und das Flugzeug nahm rapide an Geschwindigkeit zu, nachdem es auf die Startbahn eingeschwenkt war. Die Motoren röhrten auf. Elizabeth spürte deutlich die Vibration des Flugzeugs, als es an den Flughafengebäuden vorbeischoß. Die Nase des Jets hob sich in die Luft, und schon hatten sie abgehoben. Die Schubkraft des Starts drückte Elizabeth fest in den Sitz. Sie gewannen an Höhe. Nach ein paar Minuten kam das Flugzeug in die Waagerechte, und die Motoren wurden leiser. Jetzt waren sie also in der Luft und richtig unterwegs!

Das Flugzeug glitt ruhig über eine Landschaft aus schneeweißen Wattewölkchen. Elizabeth las in dem Brief der Familie Glize, bei der sie und Jessica in Cannes wohnen würden. In dem Brief hatte auch ein Photo der Familie gelegen. Die Mutter, Avery Glize, war klein und zierlich. Ihr Haar war modisch kurz geschnitten, und sie trug einen dunkelblauen Rock mit einem weich fallenden Pullover mit V-Ausschnitt. Ihr knapp achtzehnjähriger Sohn, René, war groß und blond. Seine engsitzende Jeans waren eindeutig ein französisches Modell. Auf dem Schnappschuß war außerdem noch ein Mädchen mit rotem, gewelltem Haar zu sehen, das das Gesicht von der Kamera abgewandt hielt. Es war Renés jüngere Schwester, Ferney.

Mit zusammengekniffenen Augen versuchte Elizabeth, Ferney besser zu erkennen. Ob sie auch so große Augen und hohe Wangenknochen hatte wie ihr Bruder? Und so eine zarte Haut wie ihre Mutter? Ob sie vielleicht gerade in diesem Augenblick das Foto betrachtete, das ihr die Wakefields geschickt hatten, während sie für ihren Ferienaustausch nach Kalifornien flog?

Auf dem Foto gab es keinen Monsieur Glize. Avery Glize hatte in ihrem Brief geschrieben, daß sie mit ihren Kindern allein in dem geräumigen Haus lebte. Sie hatten sehr viel Platz, hatte sie erzählt, so daß sie ohne weiteres beide Zwillinge als Austausch für Ferneys Aufenthalt in Sweet Valley bei sich aufnehmen konnte. Natürlich hatten sich Elizabeth und die übrige Familie über Monsieur Glize Gedanken gemacht. Wo er wohl war?

»Heh, Liz, schmökerst du schon wieder in diesem Brief?« Jessica kam gerade von einem Ausflug zum Waschraum zurück und kletterte über die Beine des dicklichen Mannes, um sich wieder auf ihren Platz zu setzen. Ihr Nachbar war aufgewacht, als das Mittagessen serviert wurde, und war wieder eingeschlafen, nachdem sein Tablett abgeräumt worden war. »Wenn du immer nur liest, verpaßt du das Interessanteste an diesem Flug«, fuhr Jessica fort. »Hier fliegen nämlich ein paar unheimlich nette Jungs mit, weißt du. Wenn du zum Waschraum gehst, mußt du mal auf den Typ achten, der ganz hinten rechts sitzt.«

»Ehrlich gesagt, finde ich, daß der hier ganz gut aussieht.« Elizabeth zeigte auf das Foto von René. »So richtig französisch, meinst du nicht?«

»Ah, du magst ihn also schon?« fragte Jessica.

Elizabeth merkte, daß sie rot wurde. »Ich habe doch nur gesagt, daß ich ihn attraktiv finde«, murmelte sie verlegen. »Also zieh bloß keine voreiligen Schlüsse. Ich kenne den Jungen doch überhaupt noch nicht!«

»Aber wenn du ihn kennenlernst und *dann* nett findest …«, bohrte Jessica weiter.

»Jessie, ich weiß ja, was du vorhast, und ich gönne dir auch deinen Spaß«, antwortete Elizabeth, »aber du mußt schon mir überlassen, wie ich meine Angelegenheiten anpacke.«

»Liz, ich weiß nicht, warum du immer alles so eng sehen mußt. Okay, jetzt hast du ja Jeffrey, aber trotzdem …« Plötzlich grinste Jessica. »Sag mal«, fuhr sie dann fort, »was machst du, wenn dir wirklich einer von diesen schnuckeligen Franzosen besser gefällt als er?«

Elizabeth zuckte mit den Schultern. »Mach dir darüber mal keine Sorgen«, antwortete sie.

Doch Jessica sah sie nur an. »Aber wenn doch …«, fing sie noch mal an.

Elizabeth fühlte sich richtiggehend festgenagelt von Jessicas durchdringendem Blick. »Aber gar nichts«, meinte sie. »Und damit basta!«

»Okay, okay, ich hör ja schon auf«, gab Jessica nach. Dann sah sie sich das Foto genauer an. »Hm«, sagte sie. »Liz, aber wenn dich dieser Typ nicht interessiert, brauchst du es mir nur zu sagen. Er ist wirklich nicht übel.« Sie wedelte mit dem Bild Elizabeth vor der Nase herum. »Aber wenn er dir natürlich gefällt.«

»Das werden wir ja noch sehen, Jessie. Aber vergiß nicht, ich bin in der Beziehung ein bißchen anders als du. Und ich mag Jeffrey wirklich gern.«

»Aber komm, was ist denn schon dabei, wenn man seine Ferien genießt? Mit einem netten Jungen macht alles mehr Spaß. Und nichts ist so aufregend wie ein netter, kleiner Urlaubsflirt.« Jessica zwinkerte ihrer Schwester zu. »Ich werde jedenfalls nichts auslassen.«

Elizabeth atmete insgeheim auf. Anscheinend war sie noch einmal davongekommen. Zumindest für den Augenblick. Sicherheitshalber wechselte sie schnell das Thema. »Was meinst du denn, wie es Ferney in Sweet Valley gefallen wird?«

»Also, Steve hat gesagt, er wollte sie überallhin mitnehmen und mit allen Leuten bekannt machen«, antwortete Jessica. »Vielleicht geht er mit ihr dieses Wochenende in die Strand-Disco. Als Lillian Fowler letztesmal aus Frankreich zurückkam, hat sie nämlich erzählt, daß dort drüben alle ganz wild auf amerikanische Musik sind.«

»Nanu, heißt das etwa, daß das für Lillian schon die zweite Reise nach Frankreich ist?« fragte Elizabeth. »Das habe ich ja gar nicht gewußt.«

»Die dritte«, erklärte Jessica. »Die hat vielleicht ein Glück. Die Familie, bei der sie wohnen wird, hat nicht nur eine Wohnung in Paris, sondern außerdem noch ein Haus in der Normandie. Ich wüßte gern, wieviel ihr lieber reicher Daddy beim French Club hat springen lassen, damit seine kostbare Tochter auch in Frankreich den Luxus hat, den sie von zu Hause gewöhnt ist.« Sie schob die Unterlippe vor. »Manche Leute brauchen nur mit den Fingern zu schnippen, und schon bekommen sie alles, was sie wollen.«

Elizabeth verdrehte die Augen. »Jessica, erstens weißt du genauso gut wie jeder andere, daß der French Club dieses Austauschprogramm so fair wie nur möglich durchgezogen hat. Hast du vergessen, daß die Glizes sofort einverstanden waren, uns zu zweit aufzunehmen, Lillians Familie aber nicht? Zweitens, wenn du schon über ›manche Leute‹ sprichst, vergiß nicht, daß ›manche Leute‹ — wie beispielsweise Enid — die Ferien in Sweet Valley mit Baby-Sitting verbringen müssen, um ihr Taschengeld aufzubessern. Nicht alle hatten das Glück, bei diesem Austausch dabeisein zu können.«

Jessica rümpfte ihre hübsche kleine Nase. »Enid, Enid, Enid! Mir ist schleierhaft, warum du überhaupt so viel mit dieser Trantüte herumhängst. Sie geht mir fürchterlich auf den Wecker.«

»Ich finde nicht, daß das hierhin gehört«, antwortete Elizabeth in ziemlich scharfem Ton. »Aber wenn du unbedingt damit anfangen mußt — Enid ist meine beste Freundin. Die hat Humor und Köpfchen und ist unheimlich lieb ...«

»Ja, ja, schon gut, Liz, das kenne ich schon«, unterbrach Jessica sie.

Elizabeth wandte den Blick nicht von ihrer Zwillingsschwester.

»Liz, hör endlich auf, mich so anzusehen. Es tut mir leid, ja? Ich entschuldige mich.«

Elizabeth nickte und machte wieder ein freundlicheres Gesicht. »Ich wollte Enid ja auch nur als Beispiel nennen. Es gibt noch viele andere, die in diesen Ferien nicht wegfahren können. Wie Cara zum Beispiel.«

Cara Walker war nicht nur Jessicas beste Freundin, sondern auch die Freundin von Steven, dem Bruder der Zwillinge.

»Ja, aber sie und Steven sind unheimlich froh, daß sie mal ein paar Tage zusammen sein können. Meine Güte, in letzter Zeit sind die beiden so häuslich geworden — es ist kaum auszuhalten.«

»Jessica Wakefield! Immerhin warst du es, die die beiden immer zusammenbringen wollte. Du solltest dich für sie freuen!«

»Ich freue mich ja. Ich finde nur, daß Cara — ich weiß nicht. Sie hat sich verändert.«

»Da gebe ich dir recht. Sie ist viel erwachsener geworden. So sehr, daß Steven endlich Interesse an ihr bekommen konnte. Das bedeutet vielleicht, daß sie jetzt weniger Zeit für dich hat, aber, Jessie, du mußt zugeben, daß es für Steven unheimlich gut ist.

Es hat ja so lange gedauert, bis er endlich einigermaßen über Tricia hinweggekommen ist ...« Elizabeths Stimme wurde ganz leise. Selbst nach all den Monaten, die schon vergangen waren, fiel es ihr immer noch schwer, darüber zu sprechen.

Steven Wakefields Freundin, Tricia Martin, war ein sehr hübsches, herzensgutes Mädchen gewesen. Sie war an Leukämie gestorben, und ihr schrecklicher Tod hatte alle, die sie kannten, schwer getroffen. Elizabeth hatte befürchtet, Steven würde sich nie wieder von dem Schock und dem Schmerz erholen.*

Ein lastendes Schweigen breitete sich aus. Schließlich atmete Elizabeth tief durch und verbannte das Bild von dem zarten, rotblonden Mädchen wieder aus ihren Gedanken. Über Tricia nachzugrübeln machte sie nur schrecklich traurig. »Also, worüber hatten wir gerade gesprochen?« fragte sie.

»Über Cara«, erinnerte Jessica sie.

»Ach, ja. Also, ich finde es jedenfalls toll, daß Steven wieder ein Mädchen gefunden hat, das ihm sehr viel bedeutet.«

»Siehst du? Was Steven passieren konnte, kann auch dir passieren«, zog Jessica sie auf.

Elizabeth sah wieder das Foto an, das sie immer noch in der Hand hielt, und wurde rot. »Ich dachte, wir hätten dieses Thema beendet. Ich bin jetzt mit Jeffrey befreundet.«

»Ich habe genau gesehen, wie du ihn auf dem Foto angeschaut hast, Liz. Leugnen ist zwecklos!«

* Vgl. Sweet Love Band 56015 »Das Mädchen mit dem schlechten Ruf«

Elizabeth war sicher, daß ihr Gesicht inzwischen genauso knallrot war wie das Armband ihrer neuen Uhr. »Stimmt doch gar nicht. Ich habe mir nur das Haus im Hintergrund angesehen. Ist dir schon die Aussicht aufgefallen?« Sie zeigte auf das Foto. Hinter dem weißgekalkten Haus erstreckten sich mehrere Reihen silbrig schimmernder Bäume in einem ausgedehnten Obstgarten, der im Hintergrund jäh abzufallen schien. Unterhalb der felsigen Klippen konnte man an einer Seite das blaugrüne Wasser des Mittelmeers blitzen sehen.

»Ganz schön eindrucksvoll«, meinte Jessica. »Ich glaube, wir haben ziemliches Glück, oder?«

»Das versuche ich dir doch schon die ganze Zeit klarzumachen. Vielleicht hörst du mir nächstes Mal etwas besser zu, kleines Schwesterchen.« Jessica war vier Minuten jünger als ihre Zwillingsschwester, obwohl man manchmal den Eindruck haben konnte, daß es eher vier Jahre waren. Elizabeth stupste sie in die Seite.

»Heh! Aufhören!« rief Jessica laut. Sie langte hinüber und kitzelte Elizabeth unter dem Arm.

»Jessie, bitte!« Elizabeth stimmte in das Gekicher ihrer Schwester ein.

Jessicas Sitznachbar stöhnte und bewegte sich in seinem Sitz.

Das brachte Elizabeth und Jessica nur noch mehr zum Lachen.

Nachdem sich Elizabeth ein wenig beruhigt hatte, beugte sie sich zur Seite, schlang die Arme um ihre Schwester und drückte sie ganz fest an sich.

»Was bin ich froh, daß wir diese Reise zusammen machen«, sagte sie.

Jessica erwiderte die Umarmung. »Ich auch. Das wird die allerschönste Ferienreise unseres Lebens, wetten?«

2 Elizabeth raste den Gang entlang, der vom Hauptterminal des Kennedy International Airport in New York City zu dem Ausgang führte, wo ihr Flugzeug startbereit wartete. Jessica folgte ihr dicht auf den Fersen.

»Was bin ich froh, daß ihr zwei es doch noch geschafft habt«, bemerkte die Chefstewardeß mit einem Lächeln, als die beiden völlig außer Atem an Bord kamen. »Wir hatten schon Angst, ohne euch weiterfliegen zu müssen.«

Während sie zu ihren Plätzen gingen, sah Elizabeth Jessica kopfschüttelnd an. »Dich lasse ich nie wieder auf den Duty-Free-Shop los, wenn wir nur eine halbe Stunde Zeit haben.«

»Aber, Liz, wir sind hier in New York. Hier gibt's die tollsten Sachen zu kaufen. Was kann ich denn dafür?«

Elizabeth schüttelte wieder den Kopf. Gegen Jessicas Einkaufswut war einfach nichts auszurichten.

Die Zwillinge stiegen über die ausgestreckten Beine des schlafenden Mannes und nahmen wieder ihre Plätze ein. »Mensch, man könnte glauben, daß der unter Drogen steht oder so was«, flüsterte Elizabeth.

»Nein, ich glaube, er ist einfach schüchtern«, erwiderte Jessica und kicherte.

Sie hatten sich kaum angeschnallt, als erneut die Stimme über Lautsprecher ertönte, um sie in zwei Sprachen wieder an Bord willkommen zu heißen und ihnen weitere Fluginformationen zu geben.

»Ich fühle mich schon so richtig wie ein alter Hase«, sagte Elizabeth.

»Ja, mir geht's genauso.« Jessica schien wirklich nicht mehr so nervös zu sein, als das Flugzeug zum zweiten Mal startete.

Die Sonne ging gerade unter, und hellrote Streifen zogen sich über dem purpurfarbenen Himmel. Unter sich konnte Elizabeth Millionen Lichter blitzen sehen, die die riesige Stadt erleuchteten, so daß sie aussah wie ein gewaltiger Wald von lauter geschmückten Weihnachtsbäumen. Es war ein faszinierender Anblick.

Das Flugzeug stieg weiter, und nachdem sie eine dicke Wolkenschicht durchflogen hatten, war New York nicht mehr zu sehen. »Nächste Station Nizza«, flüsterte Elizabeth.

Als das Flugzeug seinen Steigflug beendet hatte, holte Elizabeth ihr Tagebuch hervor und versuchte, alles aufzuschreiben, was sich bislang ereignet hatte. Sie schrieb nicht nur jeden Tag in ihr Tagebuch, sondern verfaßte auch Artikel für die Schülerzeitung. Außerdem schrieb sie Kurzgeschichten und Gedichte, die sie aber nie jemand lesen ließ. Sie schrieb einfach, weil es ihr Spaß machte. Es half ihr oft, wenn sie einmal traurig oder durcheinander war, und vor allem ließen sich damit die schönen Erlebnisse festhalten. Elizabeths geheimer Wunsch war es,

Schriftstellerin zu werden und eines Tages ihre Werke zu veröffentlichen.

Normalerweise konnte sie ihre Gedanken flüssig zu Papier bringen, so daß sich die Seiten schnell mit ihrer Schrift füllten. Aber jetzt blieb die aufgeschlagene Seite leer. Dies war eine der seltenen Gelegenheiten, wo Elizabeth zum Schreiben viel zu aufgeregt war.

Sie gab es also erstmal auf und schloß statt dessen ihre Zusatzkopfhörer an Jessicas Walkman an. Sofort hämmerte ihr der mitreißend kraftvolle Sound der Droids, der beliebtesten Schülerband der Sweet Valley High, in den Ohren, und sie schlug mit dem Fuß den Takt zu der Musik.

Nachdem die Stewardessen Getränke serviert hatten, begannen sie, das Abendessen aufzutragen.

»Was meinst du, was das hier sein soll?« fragte Jessica. Kritisch betrachtete sie, was sich auf ihrem Plastiktablett befand. Sie nahm ihre Gabel aus der Zellophanhülle und stocherte damit in dem undefinierbaren Hauptgericht herum.

»Keine Ahnung«, antwortete Elizabeth und entfernte die Plastikfolie von ihrem Tablett. »Sieht genauso aus wie das, was wir zu Mittag hatten.«

»Aber diesmal mit europäischem Touch«, bemerkte Jessica. Sie zeigte mit ihrer Gabel auf das winzige Eckchen Brie-Käse. »*Le fromage*«, übersetzte Jessica. Sie war stolz, daß ihr wenigstens sofort das richtige französische Wort für Käse eingefallen war.

»Wahrscheinlich ist das das einzig Eßbare dabei«, meinte Elizabeth. »Mal sehen, was es sonst noch alles gibt. Hmm. Undefinierbares Hackfleisch mit Schmieröl, ein paar wäßrige grüne Bohnen und ein Stück Kuchen. Oder ist das etwa ein Schwamm?«

»Igitt«, entfuhr es Jessica, nachdem sie einen Bissen von dem Kuchen probiert hatte. Sie ließ das Stück wieder aufs Tablett fallen. »Das Zeug ist ja noch schlimmer als unser Essen in der Cafeteria.«

Elizabeth war froh, als die Stewardessen die Tabletts wieder einsammelten. Danach wurden Kopfhörer für den Film ausgeteilt. Elizabeth hatte den Film, der gezeigt wurde, zwar schon zweimal gesehen, aber sie und Jessica fanden, daß ein drittes Mal nicht schaden konnte. Sie lehnten sich bequem in ihren Sitzen zurück und warteten. Aber noch ehe der Vorspann abgelaufen war, fielen Elizabeth schon die Augen zu. Sie war überzeugt gewesen, vor lauter Aufregung kein Auge zutun zu können, aber das nächste, was sie wußte, war, daß sie wieder wach wurde. Sonnenlicht durchflutete das Flugzeug, und das Frühstück wurde gerade serviert. Jessica war auch eben erst aufgewacht und rieb sich die Augen.

»Was ist denn los? Hat es nicht eben erst Abendessen gegeben?« murmelte sie verschlafen.

Wie zur Antwort knackte und knisterte es wieder im Lautsprecher. »Meine Damen und Herren, in etwa einer Stunde und fünfzehn Minuten werden wir unseren Bestimmungsort erreichen. Nach dem Frühstück werden wir Landungskarten austeilen. Wir möchten Sie bitten, diese auszufüllen und sie zusammen mit Ihren Reisepässen bei unserer Ankunft den Einreisebeamten abzugeben.«

Elizabeth richtete sich kerzengerade auf. Reisepässe! Einreisebeamte! Wenn sie gleich das Flugzeug verließen, würden sie und Jessica in einem fremden Land sein. Elizabeth sah zum Fenster hinaus und stellte fest, daß sich die Wolkendecke gelichtet hatte. Statt des glitzernden Meeres konnte sie jetzt Land sehen, eine Collage aus saftiggrünem Wald, schachbrettartigen Feldern und winzigen Städten, die Elizabeth aus der enormen Höhe gar nicht richtig erkennen konnte. Elizabeth war plötzlich so aufgeregt, daß sie ihr Herz deutlich in ihrer Brust hämmern spüren konnte.

Irgendwie schaffte sie es aber, sich ein wenig frisch zu machen und das Frühstück herunterzubringen. Das kümmerliche Croissant ließ sie allerdings liegen und hoffte, daß es noch etwas Handfesteres geben würde. Jessica ließ das Frühstück ganz ausfallen und verbrachte gute zwanzig Minuten im Waschraum mit ihrem Make-up. Danach erzählte sie Elizabeth, daß sie zum Andenken ein paar Stückchen Seife mit dem Emblem der Fluggesellschaft auf der Packung hatte mitgehen lassen.

Im Handumdrehen leuchtete das Zeichen mit der Aufforderung zum Anschnallen wieder auf. Elizabeth mußte ein paarmal schlucken, um den Druck auf ihren Ohren loszuwerden, als das Flugzeug in Sinkflug ging. Ihr fiel auf, daß Jessica ängstlich ihre Armlehnen umklammert hielt, als die Fahrwerke ausgefahren wurden und der Erdboden auf sie zuzurasen schien. Doch kaum waren sie weich und sicher gelandet, da strahlte Jessica schon wieder über das ganze Gesicht.

»Komm schon, Liz! Ich will, daß wir beide als erste aussteigen!« Sie war auf den Füßen, sobald das Zeichen zum Anschnallen abgeschaltet wurde.

»Nanu, was ist aus der Jessica Wakefield geworden, die sich immer so viel Zeit läßt?« zog Elizabeth sie auf. »Sonst läßt du die Leute doch immer ganz gern auf dich warten.«

»Liz«, erwiderte Jessica in vollem Ernst, »wir haben nur eine Woche Zeit. Und ich habe nicht vor, auch nur eine weitere Minute davon hier im Flugzeug zu verschwenden.«

»Aber, Jessie, wir haben ganze zehn Tage«, erinnerte Elizabeth ihre Schwester zum zweiten Mal, aber Jessica hatte schon ihre Tasche geschnappt und war halbwegs den Gang hinuntergegangen. Elizabeth griff nach ihrem Handgepäck und folgte ihrer Zwillingsschwester. Jessica hatte recht. Sie hatten einen Ferienaufenthalt vor sich, an den sie immer denken würden. Sie durften wirklich keine Sekunde mehr verlieren.

»Menschenskind, ich kann kaum fassen, daß wir wirklich hier sind!« Elizabeth blickte nach rechts und links, drehte sich um die eigene Achse und nahm begierig alles in sich auf, was es zu sehen gab, während sie und Jessica der übrigen Menge zur Gepäckausgabe folgten.

Alles in allem hätte es ein x-beliebiger Flughafen sein können – die vielen Menschen, die hin und her eilten, das eindrucksvolle, moderne Gebäude, die

Hinweisschilder in verschiedenen Sprachen. Trotzdem war die Atmosphäre irgendwie anders, fremd. Elizabeth entdeckte einen kleinen Jungen, der blaue, knielange Shorts trug, dazu ein blütenweißes Hemd, Hosenträger, Söckchen und blaue College-Schuhe. Er erinnerte Elizabeth an das Bild eines Schuljungen in ihrem Französischlehrbuch aus Mrs. Daltons Kurs.

»Guck mal, Jessie.« Elizabeth stieß ihre Schwester an und zeigte ihr den Jungen.

»Guck du lieber mal«, antwortete Jessica. Gebannt starrte sie einen etwa gleichaltrigen Jungen am anderen Ende des Raumes an. Er war braungebrannt und sah unglaublich gut aus. »Wenn sie hier alle so aussehen, wirst du mich mit Gewalt nach Kalifornien zurückschleppen müssen«, murmelte Jessica.

Dann trat ein Mädchen in einem kurzen Rock und mit großen, neonfarbenen Ohrringen zu dem Jungen und hakte sich bei ihm unter. Verärgert schnippte Jessica mit den Fingern. »Hätte ich mir doch gleich denken können!«

»Komm schon, liebes Schwesterchen. Wir sollten lieber erstmal zusehen, daß wir unsere Koffer bekommen. Sobald wir uns einquartiert haben, bleibt dir noch Zeit genug, dich nach Jungs umzuschauen.« Elizabeth steuerte ihre Schwester zu dem Gepäckband, über dem ihre Flugnummer angezeigt war.

Sie griffen sich ihre Taschen und stellten sich bei der Paßkontrolle an. »Bonjour«, grüßte der Uniformierte hinter dem Schalter.

Elizabeth lächelte den Mann strahlend an. »Bonjour«, erwiderte sie. Es war ihr erstes französisches

Wort in diesem Land. Sie gab ihm ihren Reisepaß, und Jessica tat dasselbe.

»Ah, *américaines*«, stellte der Beamte fest. »*Votre premier voyage ici?*« Er sprach langsam und deutlich, so daß Elizabeth keine Mühe hatte, ihn zu verstehen.

»Sie nickte. »*Oui, monsieur.* Ja. Wir sind zum erstenmal in Frankreich.«

»Was hat er gesagt?« zischte Jessica.

»Er wollte wissen, ob wir das erste Mal hier sind«, erklärte Elizabeth, »und ich habe ja gesagt.«

Jessica verdrehte die Augen. »Was du gesagt hast, habe ich verstanden«, bemerkte sie. »So wenig Ahnung habe ich auch wieder nicht.«

Der Einreisebeamte stempelte schnell ihre Pässe ab.

»*Bonnes vacances*«, wünschte er ihnen. »Schöne Ferien«, fügte er mit starkem französischem Akzent hinzu.

»*Merci*«, bedankte sich Elizabeth.

Die Zwillinge passierten ein paar schwere Metalltüren und traten in die Wartehalle des Flughafens. Dort hatte sich schon eine große Menge von Leuten gebildet, die ungeduldig auf Freunde und Verwandte warteten.

»Glaubst du, wir erkennen sie gleich?« fragte Elizabeth und musterte die vielen fremden Gesichter.

»Keine Sorge«, erwiderte Jessica. »Sie werden uns erkennen. Immerhin, so viele hübsche blonde Zwillingspaare gibt es hier nicht.« Sie nahm eine Pose ein, als stünde sie vor der Kamera.

»Elizabeth! Jessica!« Wie auf ein Stichwort ertönte eine Stimme aus der Menschenmenge.

Elizabeth drehte sich um. Eine hübsche blonde Frau kam auf sie zu. Es war Avery Glize. An ihrer Seite war René. Der Junge war groß und schlank. Um seine breiten Schultern hatte er sich lässig einen Pullover gelegt, und eine Strähne seines glatten blonden Haars fiel ihm in die Stirn. In Natur sah er sogar noch besser aus als auf dem Foto, obwohl sein schmales, ebenmäßiges Gesicht im Moment mürrisch verzogen war. Elizabeth sah ihm in die Augen, und sein Ausdruck schien ein wenig freundlicher zu werden, aber nur für den Bruchteil einer Sekunde. Als wäre ihm plötzlich etwas eingefallen, machte er wieder dasselbe finstere Gesicht wie vorher.

»Elizabeth? Jessica? Ich weiß zwar, daß ihr die Zwillinge seid, aber ich habe keine Ahnung, wer von euch wer ist.«

Elizabeth wandte ihre Aufmerksamkeit wieder Madame Glize zu, deren Englisch fehlerfrei und ohne den geringsten Akzent war.

»Ich bin Liz.« Elizabeth streckte ihr die Hand entgegen.

Avery Glize ergriff sie, zog Elizabeth an sich und gab ihr einen Kuß erst auf die eine, dann auf die andere Wange. Dasselbe tat sie mit Jessica. »Das ist in Frankreich so üblich«, erklärte sie. »Und dies hier ist mein Sohn, René«, stellte sie vor.

Da René sich nicht vom Fleck rührte, trat Elizabeth auf ihn zu und nahm seine Hand. »Freut mich, dich kennenzulernen.« Sie lächelte ihn an.

René entzog ihr seine Hand so abrupt, als hätte er sich verbrannt. »*Bonjour.*« Sein Ton war eisig. Er wandte sich Jessica zu und nickte kurz in ihre Richtung.

Madame Glizes freundliche Stimme löste die Spannung sofort wieder. »Hattet ihr zwei einen guten Flug?« erkundigte sie sich.

»Ja, vielen Dank, Madame Glize«, antwortete Elizabeth höflich. »Wir wären nur beinah in New York City zurückgelassen worden.« Sie erzählte der Französin, wie sie im Duty-free-Shop die Zeit verbummelt hatten.

»Dann können wir ja froh sein, daß ihr es doch noch geschafft habt«, sagte Madame Glize. »Ihr müßt ziemlich müde sein nach dem langen Flug. René und ich nehmen euer Gepäck. Wir haben zu Hause schon das Mittagessen vorbereitet, und wenn ihr möchtet, könnt ihr euch heute nachmittag ein wenig hinlegen. Ich weiß, wie sehr einem die Zeitverschiebung zu schaffen machen kann.« Sie nahm Jessicas Koffer und forderte Renè mit einer Geste auf, Elizabeths zu nehmen. Er griff ihn sich ohne ein Wort. Wenn Madame Glize auffiel, daß mit ihrem Sohn irgend etwas los war, ließ sie es sich nicht anmerken.

Vielleicht, dachte Elizabeth, ist René einfach nur schüchtern. Jedenfalls hoffte sie, daß nicht mehr hinter seinem seltsamen Benehmen steckte. Sie riskierte einen verstohlenen Blick auf ihn, aber er sah nur starr vor sich hin, das Gesicht völlig ausdruckslos.

»Ich weiß schon jetzt, daß es einige Zeit dauern wird, ehe ich euch zwei unterscheiden kann.« Madame Glize plauderte fröhlich weiter, während sie das Flughafengebäude durchquerten. »Ich kann es gar nicht richtig glauben. Ihr gleicht euch wirklich – wie sagt man bei euch? – wie ein Ei dem anderen. So war doch der Ausdruck, oder?«

»Ehrlich, Ihr Englisch ist wirklich gut«, meinte Elizabeth voller Anerkennung.

»Das haben Sie aber doch nicht als Schülerin gelernt, oder?« fragte Jessica. »Ich meine, ich lerne jetzt schon seit zweieinhalb Jahren Französisch, und ich kann kaum mehr sagen als ›ja‹, ›nein‹, ›Guten Tag‹ und ›Auf Wiedersehen‹.«

Madame Glize lachte. »Aber ich bin sicher, daß sich das schnell ändern wird, während ihr hier seid, Jessica – du bist doch Jessica, nicht? Wie gut, daß ihr wenigstens unterschiedlich angezogen seid«, bemerkte sie nach einem Blick auf Elizabeths buntgemustertes Sommerkleid und Jessicas schwarzen Minirock und Sonnentop. »Aber um deine Frage zu beantworten – ich habe einige Jahre in den Vereinigten Staaten gelebt. Am besten lernt man eine Sprache, indem man in dem betreffenden Land lebt.«

Die Zwillinge folgten ihren Gastgebern aus dem Flughafengebäude in die strahlende Mittagssonne. In den Flugzeuglärm mischten sich das Gehupe der Autos und das Stimmengewirr der französischsprechenden Passanten. Elizabeth sah sich um, blinzelte in das strahlende Sonnenlicht und lachte glücklich. »Wir sind wirklich und wahrhaftig hier! Jessie, sieh dir nur all die winzigen europäischen Autos an!« Gerade fuhr eine knallrote Ente mit herabgerolltem Schiebedach an ihnen vorbei. Eingepfercht in dem kleinen Auto saßen zwei Pärchen und ein großer Hund.

Elizabeth kam sich vor wie im Film, als sie und Jessica in den schnittigen silbernen Peugeot der Glizes stiegen und unterwegs nach Cannes die Landschaft an sich vorbeiziehen sahen. Die Straßenschilder, die Bauweise der Häuser, der Sprecher im Autoradio — all das machte ihnen bewußt, daß sie sich in einem fremden Land befanden.

Madame Glize nahm die Route, die über die Croisette, die Hauptverkehrsstraße entlang dem Meer führte, und machte die Zwillinge auf die verschiedenen Sehenswürdigkeiten aufmerksam. Die Straße war gesäumt von großen, eleganten Hotels und überfüllten Straßencafés, und Palmen, Zypressen und Bourgainvillea warfen ihre Schatten auf die Gehsteige.

»Liz, das Mittelmeer!« rief Jessica. Sie streckte den Kopf zum Wagenfenster hinaus, um das glitzernde Meer besser sehen zu können.

Elizabeth fühlte sich ganz benommen. »Oh, ist das schön!« meinte sie.

»Dort drüben ist das Hotel Carlton«, erklärte Madame Glize, als sie an einem eleganten weißen Gebäude aus der Jahrhundertwende vorbeifuhren, das die ganze Croisette zu beherrschen schien. Es erinnerte Elizabeth an eine riesige weiße Hochzeitstorte. »Dort wohnen viele der Filmstars, die zu den Filmfestspielen angereist kommen. René konnte sich dieses Jahr einige der Filme mit einem Klassenkameraden ansehen, dessen Mutter bei der Organisation der Festspiele mitarbeitet.«

»Ehrlich?« Elizabeth wandte sich an René und formulierte ihr Französisch langsam und sorgfältig. Sie wollte ihn gern in die Unterhaltung einschließen, vielleicht taute er dann ein wenig auf. »Das war doch bestimmt – äh ...« Sie suchte krampfhaft nach der Vokabel für »aufregend«. Das Wort lag ihr auf der Zunge.

»Toll? Fabelhaft? Aufregend? Stimmt, das war es.« René ließ Elizabeth gar nicht erst ihren Satz beenden, sondern antwortete ihr sofort mühelos in Englisch, so daß ihr ihre Versuche in Französisch richtig lächerlich vorkamen. »Es war einfach super, wie ihr Amerikaner immer so schön sagt.« Elizabeth hatte René mit in die Unterhaltung einbezogen, aber sein spöttischer Tonfall sorgte dafür, daß es ihr fast schon wieder leid tat.

Jessica schien davon jedoch nichts zu merken. »Ach, du sprichst also auch Englisch«, stellte sie erfreut fest. »Großartig! Und ich hatte schon Angst, ich müßte die ganze Zeit Französisch sprechen.«

René drehte sich zu dem Rücksitz um, wo die Zwillinge saßen, und musterte die beiden Mädchen verächtlich. »Selbstverständlich spreche ich Englisch. Was habt ihr denn gedacht? Es sind doch die Amerikaner, die nur eine einzige Sprache beherrschen, von der sie erwarten, daß sie überall auf der Welt gesprochen wird. Ich weiß schon gar nicht mehr, wie oft ich erlebt habe, daß irgendein amerikanischer Tourist in ein Geschäft oder Restaurant marschiert und ganz selbstverständlich Englisch spricht. Sie machen sich nicht einmal die Mühe zu lernen, wie man ›bitte‹ oder ›danke‹ in unserer Sprache sagt. Ihr Amerikaner setzt einfach voraus, daß jeder Kellner, jeder Verkäufer und jeder Zugschaffner in diesem Land eure Sprache spricht.« René wandte sich ruckartig wieder ab und reckte trotzig das Kinn vor.

Elizabeths Gesicht war glühendrot vor lauter Ärger und Scham. Sie wußte selbst, daß es Amerikaner gab, die nach Übersee reisten, ohne sich die Mühe zu geben, wenigstens ein paar Worte einer fremden Sprache zu lernen, und darauf war sie alles andere als stolz. Aber sie wußte auch, daß nicht alle so waren. Sie selbst zum Beispiel war nicht so. Sie war mit dem Vorhaben hierher gekommen, ihre Französischkenntnisse anzuwenden und sie mit jedem Tag, den sie in Cannes verbrachte, zu verbessern.

Aber René hatte gleich ihren ersten Versuch ins Lächerliche gezogen. Und dann steckte er sie auch noch mit den Leuten in eine Schublade, die sich nicht einmal die Mühe gaben, einen Versuch zu unternehmen. Wofür hielt er sich denn eigentlich? In seiner pampigen Art kam er Elizabeth ungefähr so anziehend wie ein gereizter Fleischerhund vor. Daran konnte auch sein gutes Aussehen nicht viel ändern.

Sie stand mit ihrer Ansicht offenbar nicht allein. Neben ihr saß Jessica mit zusammengebissenen Zähnen und geballten Fäusten. Jessica ließ sich grundsätzlich nichts gefallen, und wer es wagte, sich mit ihr anzulegen, kam bestimmt nicht ungeschoren davon. Selbst Madame Glize runzelte die Stirn.

Mit leiser, aber fester Stimme wandte sie sich auf Französisch an ihren Sohn. »René, das reicht. *Ça suffit.*«

Elizabeth meinte, ihre Gastgeberin etwas davon sagen zu hören, daß René seine Englischkenntnisse von seinem Vater hätte. Dann erwähnte sie Ferney, die offenbar nicht sehr viel Englisch sprach, aber Elizabeth verstand nicht ganz, aus welchem Grund.

Elizabeth entging überhaupt das Wesentliche an Madame Glizes Gardinenpredigt. Sie fragte sich, welche Rolle Renés Vater bei alldem spielte. Renés Reaktion jedoch war sonnenklar. Seinen zornigen Wortschwall konnte Elizabeth zwar nicht verstehen, aber sein Tonfall verriet genug. Seine Stimme dröhnte gewaltig in dem kleinen Wagen. Zwei Worte fielen immer wieder, die einzigen, die Elizabeth verstand. »*Mon père*«, rief er dauernd, und sein Ton troff vor Bitterkeit und Sarkasmus – von »*mon père*« wußten beide Zwillinge, daß es »mein Vater« bedeutet.

Elizabeth und Jessica sahen sich fragend an. Dann war plötzlich Stille, ein krasser Gegensatz zu Renés hitzigem Ausbruch. Als Avery Glize wieder sprach, klang ihre Stimme sehr bedrückt. »Es tut mir so leid, ihr zwei. Wir wollten euch wirklich nicht einen so unerfreulichen Empfang bereiten.«

Selbst René schien ein wenig verlegen zu sein, denn er entschuldigte sich steif.

»Schon gut«, sagte Elizabeth und schwor sich insgeheim, Renés Launenhaftigkeit zu ignorieren. »Jeder hat mal seinen schlechten Tag.« Ihre Stimme klang unbekümmert. Sie hatte nicht vor, sich den Ferienanfang vermiesen zu lassen.

»O nein, das ist keine ausreichende Entschuldigung«, widersprach Avery Glize. Sie entschuldigte sich noch einmal. »René und ich müssen in Ruhe darüber sprechen.« Sie warf ihrem Sohn einen Blick zu, der nichts Gutes verhieß. Dann fuhr sie in etwas fröhlicherem Ton fort: »Aber genug jetzt davon. Es gibt so vieles, was euch beiden an Cannes gefallen wird — zum Beispiel diese Bäckerei. Dort kann man das beste Brot und Gebäck der ganzen Stadt kaufen.«

Elizabeth sah hinüber und bemerkte, wie eine alte Frau und ein junges Mädchen, jede mit einem Stangenbrot unter dem Arm, die Bäckerei verließen. Es war genau, wie Elizabeth es sich immer vorgestellt hatte, wenn sie zu Hause in Sweet Valley von ihrer bevorstehenden Reise geträumt hatte. Fast konnte sie den Duft frischer Backwaren wahrnehmen. Die unangenehme Stimmung verflog, und wieder wurde sie von ihrer Aufregung ergriffen. Sie war in Frankreich! Und niemand, nicht einmal René, würde ihr diese Ferien verderben.

3 Jessica rieb sich die Augen, schlug die Decke zurück und setzte sich im Bett auf. Weiches Dämmerlicht fiel durch die offenstehenden Balkontüren in den luftigen Raum. So ein Mist! Nun hatte sie doch tatsächlich den größten Teil ihres ersten Tages in einem fremden Land einfach verschlafen.

Sie sah zu Elizabeths Bett hinüber. Leer. Warum hatte ihre Zwillingsschwester sie nicht geweckt? Jessica sprang aus dem Bett und zog sich schnell eine Nicki-Jogginghose und ein weites Herrenhemd über. Es gab so viele Dinge zu sehen, so viele Orte zu erforschen und, vor allen Dingen, Leute kennenzulernen. Insbesondere nette französische Jungen, wie Jessica hoffte. Aber sie würde keinen einzigen kennenlernen, wenn sie ihre ganzen Ferien im Bett verbummelte, auch wenn sie zugeben mußte, daß sie die Ruhe wirklich nötig gehabt hatte.

Der Vormittag war irgendwie an ihr vorbeigegangen. Wahrscheinlich hatte die Zeitverschiebung ihr mehr zu schaffen gemacht, als sie vorher geglaubt hatte. Jessica konnte sich kaum daran erinnern, wie sie ihr Gepäck in das weiße Haus geschafft und ihre Sachen ausgepackt hatte. Beim Mittagessen wäre sie fast über ihrem *Omelette Provençale* eingeschlafen, auch wenn das leichte, goldgelbe Omelett mit der

Füllung aus zartem, gedünstetem Gemüse absolut köstlich gewesen war, besonders nach der Verpflegung während des Fluges. Aber die Unterhaltung bei Tisch war vorwiegend in Französisch gewesen, und während Elizabeth ganz gut mitgehalten hatte, war Jessica bis auf ein oder zwei Sätze das meiste der Unterhaltung entgangen. Um so mehr Mühe hatte es sie gekostet, sich wach zu halten. Als Madame Glize den Zwillingen einen Mittagsschlaf vorgeschlagen hatte, hatte Jessica dankbar zugestimmt.

Aber jetzt war sie munter und unternehmungslustig. »Liz?« rief sie.

»Ich bin auf dem Balkon, Jessica«, kam die Antwort von draußen.

Jessica trat auch hinaus. »Warum hast du mich so lange schlafen lassen?« fragte sie.

»Jessica, warum gleich so vorwurfsvoll? Ich bin selbst eben erst aufgestanden«, erwiderte Elizabeth. »Sieh dir das an. Ist das nicht unglaublich?« Sie zeigte auf das Panorama vor ihnen.

Das Haus befand sich auf der Kuppe eines sanften Hügels, auf dem noch einige andere Häuser standen. Die weiß gekalkten Fassaden leuchteten pink in dem abendlichen Zwielicht. Vom Balkon aus konnten die Zwillinge tief unten das Meer glitzern sehen.

»Ja, hübsch. Echt hübsch. Mensch, ich wünschte, ich wäre eher geweckt worden. Hör mal, was ist denn das dort unten?« Jessica zeigte auf ein paar Reihen erleuchteter Docks, an denen eine Traumjacht neben der anderen vertäut lag.

»Das ist der Jachthafen von Cannes. Da bist du platt, wie?« Elizabeth grinste.

»Meine Güte!« Jessica packte ihre Schwester am Arm. »Glaubst du, wir könnten ein paar von den Leuten kennenlernen, denen die Jachten da gehören?« Sie konnte sich ohne weiteres vorstellen, in ihrem Bikini an Deck einer dieser prunkvollen Jachten zu sitzen und einen Cocktail zu schlürfen.

»Wie ich dich kenne, Jessie, ist das durchaus möglich. Eigentlich sogar wahrscheinlich.«

Jessica juchzte vor Aufregung. »Das wird einfach super. Aber, hör mal, wozu stehen wir dann eigentlich noch hier herum? Ich meine, wir haben schon den ganzen Tag mit Nichtstun verplempert.«

»Ich kann nicht jeden Tag zusehen, wie die Sonne im Mittelmeer versinkt, Jessica. Eigentlich würde ich gern noch ein bißchen hierbleiben. Es ist so schön ruhig und friedlich hier. Aber du kannst ja gern etwas anders tun. Madame Glize — sie hat gesagt, wir könnten sie ruhig Avery nennen — ist ein paar Besorgungen machen gegangen, aber sie meinte, wir könnten uns das Haus ansehen, wenn wir Lust hätten, und uns ganz wie zu Hause fühlen. Sie scheint wirklich nett zu sein, findest du nicht?«

»Hmm. Ihr Sohn könnte sich ein Scheibchen bei ihr abschneiden. Wo ist denn der feine Herr? Ist er auch weggegangen?« fragte Jessica. Sie wurde wieder richtig wütend, als sie daran dachte, wie René sie auf der Fahrt vom Flughafen beleidigt hatte. »Weißt du was, ich nehme zurück, was ich im Flugzeug zu dir gesagt habe. Ich finde nicht, daß du irgendwas mit diesem Typ zu tun haben solltest. Bestimmt gibt es hier jede Menge Leute, die wesentlich netter sind als er.«

»Vielleicht hatte er nur schlechte Laune oder so was«, meinte Elizabeth. »Ich hätte zwar auch etwas mehr von ihm erwartet, aber ich finde, wir sollten ihm noch eine Chance geben, bevor wir voreilige Schlüsse über ihn ziehen.«

»Das sieht dir wieder mal ähnlich, Liz. Immer bereit, an das Gute im Menschen zu glauben. Der Typ hat uns doch praktisch auf den Kopf zugesagt, daß er Amerikaner nicht ausstehen kann, und du hast nichts Besseres zu tun, als ihn in Schutz zu nehmen!«

Elizabeth biß sich auf die Lippe. »Also, wenn das so ist, müssen wir ihm einfach zeigen, wie unrecht er hat. Ich kann mir zwar nicht vorstellen, wie er zu einer so schlechten Meinung über uns kommt, aber ich habe vor, seine Meinung gründlich zu ändern.«

»Du mußt wissen, was du tust, Liz, aber ich denke, daß ich meine Zeit mit wichtigeren Dingen verbringen werde. Als erstes könnte ich mich zum Beispiel mal hier im Haus ein wenig umsehen. Man kann über andere Menschen eine ganze Menge interessanter Dinge herausfinden, wenn man sieht, wie sie wohnen.« Sie schenkte der eindrucksvollen Aussicht noch einen letzten Blick, besonders dem Jachthafen, und ging dann ins Haus zurück.

»Jessie«, hörte sie Elizabeth hinter sich her rufen, »Avery hat zwar gesagt, wir könnten uns umsehen, aber von Herumschnüffeln war keine Rede. Vergiß also bitte nicht, daß du hier zu Gast bist, in Ordnung?«

Jessica machte sich nicht die Mühe zu antworten.

Schließlich wollte Avery Glize doch, daß sie sich wie zu Hause fühlten, oder etwa nicht? Und zu Hause fühlt man sich erst, wenn man ein wenig über die Leute weiß, bei denen man wohnt. Außerdem schadete es bestimmt nicht, etwas mehr über René herauszufinden. Etwas, das ihr vielleicht helfen konnte, ihm sein Benehmen vom Vormittag heimzuzahlen. Jessica ließ die geballte Faust in die andere Hand klatschen. Der Junge brauchte offenbar jemand, der ihm einen gehörigen Denkzettel verpaßte.

Eilig durchquerte sie das Gästezimmer, wo sie und Elizabeth schliefen, und ging einen langen Flur entlang. Dort gab es nicht viel zu sehen, außer einem etwas merkwürdigen Telefon, das auf einem niedrigen Tischchen stand. Jessica besah sich das Telefon genauer und stellte fest, daß an der Rückseite des Apparates eine zusätzliche Hörmuschel befestigt war, die es einem dritten Teilnehmer ermöglichte, das Gespräch mit anzuhören. Keine schlechte Idee, dachte sie. Das sollten wir uns von den Franzosen abgucken und bei uns zu Hause in Amerika auch solche Geräte bauen.

Als nächstes streckte sie den Kopf zu einer Zimmertür hinein. Der Raum war einfach möbliert; er enthielt nur ein Bett mit einem dunklen Überwurf, ein Bücherregal, das eine ganze Wand einnahm, und eine große Stereoanlage. Über einem Sessel in einer Ecke hing nachlässig hingeworfen die lange Hose eines Jungen.

Getroffen! dachte Jessica. Es war Renés Zimmer. Einen besseren Anfang für ihre Hausbesichtigung konnte sie sich nicht vorstellen. Sie trat ganz ein und steuerte direkt auf Renés Nachttisch zu, wo sie einen Plexiglaswürfel mit Fotos entdeckt hatte. Sie nahm den Würfel in die Hand.

Auf dem ersten Bild saß René in einem überfüllten Café, Seite an Seite mit zwei Freunden. Der eine von ihnen hielt in der Hand einen Krug mit schäumendem Bier und grinste von einem Ohr zum anderen in die Kamera. Jessica besah sich den Jungen näher. Nett. Ausgesprochen nett, dachte sie. Aber was soll's. Renés Freunde sind bestimmt genauso bescheuert wie er selbst. Mit denen will ich nichts zu tun haben.

Sie drehte den Würfel, um sich das nächste Bild anzusehen. Wieder René. Er wirkte so fröhlich und gutgelaunt in seiner weißen Tenniskleidung, den Tennisschläger unterm Arm, daß er kaum derselbe Junge sein konnte, der am Vormittag so unausstehlich gewesen war. Aber Jessica ließ sich davon nicht beeindrucken. René hatte ihr unmißverständlich gezeigt, was er von ihr hielt. Sie streckte dem Foto die Zunge heraus und wandte sich dem nächsten zu.

Auf diesem war Avery als junge Frau an einem Strand zu sehen. Sie hatte einen kleinen Jungen und ein Baby bei sich. Jessica nahm an, daß es René und Ferney als Kleinkinder waren. Eigentlich war es ein ganz normales Foto — eine Mutter mit ihren zwei Kindern — aber etwas daran kam Jessica merkwürdig vor. Dann stellte sie fest, daß das Bild ein wenig schief wirkte. Sie sah näher hin, denn in dem schummerigen Licht konnte sie nicht sehr viel erkennen.

Die linke Seite des Fotos sah leicht gezackt aus, als hätte jemand ein Stück davon weggeknickt und sorgfältig abgerissen.

Jessica schaltete Renés Schreibtischlampe an. So war es besser. Jetzt konnte sie genau sehen, was mit dem Bild los war. Von der fehlenden Seite her schlang sich ein Arm um Averys Taille. Ein Männerarm. Von Renés Vater! Das mußte es sein! Und René hatte seinen Vater absichtlich von dem Foto entfernt. Jessica wurde immer neugieriger, was es mit Renés Vater auf sich hatte.

Sie drehte den Würfel weiter. »Ach, du meine Güte!« hallte ihre Stimme durch die Stille. »Liz! Elizabeth! Du mußt sofort herkommen!« Sie streckte den Kopf zur Zimmertür hinaus und schrie durch den langen Flur erschreckt nach ihrer Schwester. Mit einemmal schien das Geheimnis um Renés Vater völlig nebensächlich. Dies war eine viel wichtigere Sache. Sie blickte noch einmal auf das Bild. »Liz! Du wirst deinen Augen nicht trauen! Schnell!«

Elizabeth kam in das Zimmer gestürzt. »Was ist denn los?« fragte sie, besorgt und völlig außer Atem.

»Sieh dir das an!« Jessica streckte ihr den Plexiglaswürfel mit dem Foto entgegen. »Avery, René und Ferney, offenbar vor nicht allzu langer Zeit aufgenommen.«

Elizabeth kam näher und betrachtete das Bild. Sie schnappte nach Luft. »Jessie, das ist ja unglaublich! Das ist doch nicht möglich!« Benommen schüttelte Elizabeth den Kopf. »Sie ist ja das genaue Ebenbild von Tricia Martin!«

Steven Wakefield konnte Ferneys Ähnlichkeit mit Tricia immer noch nicht fassen. Er saß ihr gegenüber auf der Wohnzimmercouch und grinste von einem Ohr zum anderen. Ferney erwiderte freundlich sein Lächeln.

Wer behauptet denn, daß man eine gemeinsame Sprache braucht, um sich zu verständigen? dachte Steven. Bis jetzt waren sie ganz gut mit ein paar der gebräuchlichsten Wörter und mit allen erdenklichen Gesten klargekommen. Es kam Steven so vor, als würden er und Ferney sich schon richtig gut kennen, obwohl sie erst am vergangenen Abend in Sweet Valley angekommen war.

Er hatte zum Beispiel schon herausgefunden, daß sie, genau wie er selbst, gern Tennis spielte. Sie segelte, ritt, und in der Schule hatte sie am liebsten die naturwissenschaftlichen Fächer. Das letztere herauszufinden, hatte ein Weilchen gedauert, aber als Ferney ein paar Reagenzgläser auf ein Blatt Papier zeichnete, hatte Steven verstanden, worum es ging.

Es war unglaublich! Ferney wollte also auch Forscherin werden – genau wie Tricia. Tricia hatte immer davon gesprochen, daß sie den idealen Weg zur Nutzung der Sonnenenergie entdecken oder ein Heilmittel für Krebs oder andere lebensgefährliche Krankheiten finden wollte. Letzten Endes hätte ein solches Heilmittel Tricia selbst helfen können.

Bei dem Gedanken an seine frühere Freundin fühlte Steven in seinem Innern einen ziehenden Schmerz. Dieses Gefühl hatte ihn in letzter Zeit nicht mehr so häufig überkommen. Zum Teil hatte Steven dies Cara zu verdanken. Aber es kam immer noch vor, daß ihn dieser Schmerz wie aus heiterem Himmel packte und sich unmerklich wie ein Schleier aus Einsamkeit und Verzweiflung über ihn legte. Es war so ungerecht, daß Tricia so früh hatte sterben müssen.

Aber in Ferneys Gegenwart erschien es ihm fast, als wäre ein Teil von Tricia immer noch bei ihm. Die verblüffende Ähnlichkeit zwischen den beiden war nicht zu übersehen – die rotblonden Haare, die großen, porzellanblauen Augen, die zierliche Figur. Und hatte Ferney nicht gerade erklärt, daß sie sich für Naturwissenschaften interessierte? Die vielen Gemeinsamkeiten hatten schon fast etwas Unheimliches. Aber schön war es trotzdem. Steven fühlte sich wohl in Ferneys Gegenwart.

Merkwürdigerweise war es sogar ganz angenehm, daß sie nicht so viel miteinander sprechen konnten. So fiel es Steven leicht, sich seinen Träumereien hinzugeben. Er konnte sich, wenn auch nur für eine kurze Zeit, vorstellen, daß er Tricia überhaupt nicht verloren hatte.

Natürlich war ihm klar, daß Ferney und Tricia zwei verschiedene Menschen waren, aber er sagte sich, daß es nicht schaden konnte, ein wenig zu träumen. Nach all dem Schmerz, den er durch Tricias Tod erlitten hatte, durfte er sich doch ab und zu das Leben mit ein paar schönen Vorstellungen versüßen, oder nicht?

Außerdem hatte sich Steven immer sehr von der zerbrechlichen Schönheit seiner früheren Freundin angezogen gefühlt. Und da Ferney praktisch Tricias Ebenbild war, fand er es nur natürlich, daß nun ein wenig von diesem Gefühl wieder in ihm wach wurde.

Dann dachte er an Cara, und sofort meldete sich sein schlechtes Gewissen. Aber er beruhigte sich damit, daß Cara bestimmt Verständnis haben würde. Schließlich wußte sie, daß zumindest ein kleiner Teil von ihm immer an Tricia hängen würde. Mehr als einmal hatte Cara selbst ihm gesagt, daß kein Mensch einen anderen ersetzen könne und daß sie sich nie als Ersatz für Tricia betrachten wolle. Was sie und Steven verband, war etwas ganz Neues, anderes, und es hatte nichts mit Stevens früherer Beziehung zu tun. Cara war sich darüber im klaren, daß Steven immer seine Erinnerungen an Tricia haben würde. Wenn ihn also Ferneys Ähnlichkeit mit Tricia ein wenig durcheinander brachte, würde es Cara bestimmt nicht soviel ausmachen. Schließlich und endlich hatte er Elizabeth und Jessica versprochen, Ferney Sweet Valley zu zeigen. Und Steven Wakefield war jemand, der zu seinem Wort stand.

»Also, möchtest du gern, daß wir wegfahren, oder was? Ich könnte dir den Strand zeigen«, schlug Steven Ferney vor. Hingerissen betrachtete er ihre schlanke Gestalt in dem schicken Overall.

Ferney sah Steven verständnislos an. Dann kicherte sie und zuckte mit den Schultern.

»Wegfahren. Verstehst du, in einem Auto.« Steven tat so, als säße er hinter dem Steuer eines Wagens. »Du und ich.« Er zeigte erst auf Ferney, dann auf

sich. »Wir können an den Strand gehen.« Er voll-
führte ein paar Pantomimen – in der Sonne liegen,
Sonnencreme auftragen, schwimmen.

»Ah, ja!« Ferney sprach eines der wenigen Worte,
die sie auf Englisch kannte. »Das ist gut!«

»Super!« Irgendwie übermittelte Steven den Vorschlag, daß sie sich den Badeanzug unter die Kleider
zog, und ging dann nach oben, um sich auch schon
die Badehose anzuziehen. Nachdem er ein paar
Handtücher aus dem Wäscheschrank geholt hatte,
traf er sich mit Ferney an der Haustür.

Gerade hatte er sich eine Sonnenbrille in die Tasche
seiner Jeansjacke gesteckt und nachgesehen, ob er
seine Autoschlüssel hatte, als das Telefon klingelte.
Er machte einen Schritt auf die Küche zu, um an den
Anschluß im Erdgeschoß zu gehen, aber nach dem
zweiten Klingeln hörte er, daß seine Mutter oben ans
Telefon ging.

»Fertig?« fragte er Ferney und hielt ihr die Tür auf.
Sie waren gerade auf dem Weg zu Stevens Auto, das
in der Auffahrt parkte, als Alice Wakefield den Kopf
zur Tür herausstreckte.

»Steven? Kommst du mal ans Telefon? Es ist Cara.«

Das schlechte Gewissen, das Steven schon vor ein
paar Minuten beschlichen hatte, meldete sich wieder.
Aber diesmal traf es ihn mit der Wucht eines Überra-
schungsangriffs. »O Mom, wir wollten gerade losfahren.«

»Ja, möchtest du denn nicht, daß ich Cara bitte zu
warten? Ferney hat doch bestimmt nichts dagegen,
wenn du eine Minute telefonierst.« Steven entging

nicht, wie besorgt ihn seine Mutter ansah. Diesen besorgten Blick hatte er in den letzten zwei Tagen reichlich oft bemerkt, von dem Moment an, seit Ferney aus dem Flugzeug gestiegen war und Stevens Eltern betroffen bemerkt hatten, wie sehr sie Tricia ähnlich sah.

Steven wünschte sich, seine Eltern würden endlich damit aufhören, sich seinetwegen Sorgen zu machen. Er hatte gar nicht die Absicht, wegen Tricia wieder in totalen Trübsinn zu verfallen. Begriffen sie denn nicht, daß er mit dem Geschehenen seinen Frieden gemacht hatte? Es ging ihm wieder gut, konnten sie das denn nicht sehen? Ihm gefiel einfach Ferneys hübsches Äußeres, und ihre Gesellschaft machte ihm Spaß. Das war alles. Und er wollte Ferney gern eine angenehme Zeit in Sweet Valley bereiten.

Steven schob seine Schuldgefühle beiseite. Er hatte keinen Grund zu einem schlechten Gewissen. Ferney würde nur für etwas mehr als eine Woche dableiben, und sie brauchte jemanden, der sie mit der Umgebung vertraut machte. »Mom, kannst du Cara bitte sagen, daß ich sie heute abend zurückrufe?« fragte Steven. Er steuerte Ferney zu seinem gelben Volkswagen.

Seine Aufgabe war es, dem Gast der Wakefields ein guter Gastgeber zu sein. Er war sicher, daß Ferneys Bruder in Frankreich genau dasselbe für Elizabeth und Jessica tat.

4 »Das ist also die berühmte europäische Gastfreundlichkeit«, maulte Jessica und rupfte ein paar Halme aus dem Rasen der Glizes. Es war zwar alles sehr hübsch, aber sie kam sich vor wie eine Gefangene im goldenen Käfig. Sie hatte sich gut ausgeschlafen und war quietschvergnügt und voller Tatendrang; die Zeitverschiebung war vergessen, sie platzte vor Energie, und sie und Elizabeth hatten während der letzten halben Stunde nichts weiter getan, als wie zwei Statuen auf dem Rasen zu sitzen.

»Jessie, ich weiß gar nicht, was du willst«, erwiderte Elizabeth. Sie streckte sich aus, um sich von der kraftvollen Mittelmeersonne bescheinen zu lassen. »Avery ist doch eine tolle Gastgeberin. Das Frühstück war einfach himmlisch. Besonders die *Croissants au Chocolat*.«

»Du meinst die mit Schokolade gefüllten Brötchen? Ja, die waren wirklich gut.«

»Also?« Elizabeth zuckte die Schultern. »Was hast du für Probleme?«

Jessica schnalzte ungeduldig mit der Zunge. »Stell dich nicht so an, Liz. Avery ist doch heute fort, oder?« Avery hatte ihnen erklärt, daß sie als Privatkrankenschwester arbeitete und sich normalerweise die Tage aussuchen konnte, an denen sie arbeiten

47

wollte. Manchmal wurde sie allerdings zu Notfällen gerufen. Eine frühere Patientin von ihr war an diesem Tag aus dem Krankenhaus entlassen worden und brauchte zu Hause eine private Pflegerin. Avery hatte die Frau nicht im Stich lassen wollen.

»Stimmt.« Elizabeth nickte.

»Also sitzen wir allein an einem Ort herum, den wir überhaupt nicht kennen.« Jessica zog eine Schnute. Bestimmt war in Cannes alles mögliche los, und sie hatte nicht die geringste Ahnung, wo sie zu suchen anfangen sollte.

»Ich habe gehört, wie Avery René gebeten hat, uns heute die Stadt zu zeigen«, sagte Elizabeth. »Du kannst ihn zwar nicht leiden, aber er weiß bestimmt, wo was los ist.«

»Hast du nicht gesehen, wie er mit seinem Moped abgehauen ist, gleich nachdem seine Mutter aus dem Haus war?« fragte Jessica. Sie brauchte bloß an René zu denken, und schon wurde sie wieder wütend.

Elizabeth runzelte die Stirn. »Nein, das habe ich nicht gewußt«, antwortete sie leise. »Das war bestimmt, während ich geduscht habe.« Für ein paar Sekunden sagte sie nichts. »Na ja, dann kommt er bestimmt bald zurück«, schloß sie lahm.

»Bestimmt. Und ich bin die Königin von England«, meinte Jessica sarkastisch.

»Na gut, dann·müssen wir eben heute morgen hier in der Sonne braten«, sagte Elizabeth. »Ich kann mir wirklich Schlimmeres vorstellen, als hier oben bei dieser Superaussicht zu liegen.«

»Toll. Ich bin also den ganzen Weg von Sweet Valley hierher gekommen, um etwas zu tun, was ich genauso gut zu Hause bei uns im Garten machen kann.« Jessica warf ihr Haar zurück.

Elizabeth richtete sich auf und wandte sich an ihre Zwillingsschwester. »Jessie, was hältst du von einem Spaziergang durch die Nachbarschaft? Das wäre doch ein Anfang, wenn du keine Lust hast, hier herumzusitzen. Oder, besser noch, wir könnten joggen. Bei dem guten Essen, das wir hier vorgesetzt bekommen, könnte ich ein bißchen Training gebrauchen, und gleichzeitig könnten wir uns ein wenig in der Umgebung umsehen. Was meinst du?«

»Also, ich wollte eigentlich herausfinden, wo hier so richtig etwas los ist«, antwortete Jessica. »Aber wir kennen uns wohl einfach zu wenig aus«, fügte sie verdrossen hinzu. »Ich nehme an, ich habe keine andere Wahl.«

»Schön. Also abgemacht.« Elizabeth stand auf und klopfte sich die Shorts ab. »Dann laß uns unsere Joggingsachen anziehen.«

»Ach, was ist denn mit deiner ersten Idee mit dem Spaziergang? Ich habe eigentlich keine Lust, so richtig durchzuschwitzen.«

»Komm schon, du lahme Ente, es wird dir bestimmt nicht schaden.« Elizabeth lachte und half Jessica, auf die Füße zu kommen.

»Soll das etwa heißen, daß ich es nötig habe, etwas für meine Figur zu tun?« Jessica tat so, als wäre sie beleidigt.

»Du bestimmt nicht, Jessie«, erwiderte ihre Schwester. »Aber du kannst doch unmöglich deine arme

Schwester ganz allein zum Joggen schicken, oder? Stell dir vor, ich treffe unterwegs einen unheimlich gutaussehenden Franzosen, und du bist nicht in der Nähe, um mich vor ihm zu retten?«

Jessica legte Elizabeth den Arm um die Schultern. »Na ja, wenn das so ist …«

»Ich wußte doch, daß ich mich auf dich verlassen kann. Los, wer als erster im Haus ist!«

»Liz, können wir nicht endlich aufhören?« Jessica keuchte schon.

Elizabeth drehte sich zu ihr um. »Ich habe gedacht, du wolltest die Umgebung kennenlernen«, sagte sie.

Jessica legte etwas Tempo zu und holte ihre Schwester ein. »Ich habe genug gesehen. Häuser, nichts als Häuser. Na gut, ein paar davon sind ganz schön eindrucksvoll, aber Liz, wenn man eins davon gesehen hat, kennt man sie alle, verstehst du? Steine und Glas können mit der Zeit ziemlich langweilig werden.« Sie legte Elizabeth die Hand auf die Schulter und versuchte, sie zum Umkehren zu bewegen.

»Komm, Jessica, nur noch einen Kilometer oder so. Es wird dir bestimmt nicht leid tun.«

»Genau. Aber einfach deswegen, weil ich nicht weiterlaufen werde.« Jessica lief noch ein paar Schritte, wurde dann langsamer und blieb stehen.

»Du willst Co-Captain der Sweet Valley Cheerleaders und ein Tennis-As sein und kannst nicht einmal ein paarmal um den Block joggen? Ich kann es kaum glauben, Jessie.« Während Elizabeth mit ihrer Schwester sprach, lief sie auf der Stelle. »Müde bist du nicht. Du hast einfach keine Lust, dich mal ein bißchen zu verausgaben.«

»Und wenn schon.« Jessica zuckte mit den Schultern. »Du kannst ja gern weiterlaufen, wenn du willst. Ich jogge zum Haus zurück und warte dort auf dich. Für mich reicht das völlig.«

»Also gut.« Elizabeth winkte ihr zu. »Bis gleich«, rief sie über die Schulter zurück.

»Bis gleich.« Jessica fiel wieder in Trab, aber nur solange Elizabeth in Sichtweite war. Kaum war ihre Schwester hinter einer Hügelkuppe verschwunden, schlug Jessica eine bequemere Gangart ein. Sie sah nicht ein, weswegen sie sich ihre Ferien mit diesem mörderischen Lauftraining vermiesen sollte. Cheerleading und Tennis war etwas völlig anderes. Genauso wie Tauchen, Schwimmen und Wasserski. Das waren Sportarten, bei denen sie immer unheimlich viel Spaß hatte. Aber beim Jogging war sie immer froh, wenn sie es endlich hinter sich hatte.

Elizabeth war da anderer Meinung. Für sie war Jogging eine angenehme Art, mit ihren Gedanken allein zu sein, aber schließlich gefiel es Elizabeth auch, Englischaufsätze zu schreiben, ihrer Mutter beim Jäten der Blumenbeete vor dem Haus zu helfen und einige andere Sachen zu tun, die nach Jessicas Ansicht im Staate Kalifornien verboten werden müßten.

Hätten sie sich nicht wie ein Ei dem anderen geglichen, wäre Jessica bestimmt ab und zu auf die Idee gekommen, eine von ihnen beiden wäre bei der Geburt im Krankenhaus versehentlich mit einem anderen Baby vertauscht worden, auch wenn sie absolut nichts auf ihre Schwester kommen ließ. Jeder, der es wagte, Elizabeth zu kritisieren, bekam Jessicas Zorn zu spüren. Sie und ihre Zwillingsschwester waren nun einmal wie Tag und Nacht, wenn auch in völlig identischer Verpackung.

Geschäftig sah sich Jessica um, während sie über Elizabeth nachdachte. Sie hatte einen etwas anderen Rückweg eingeschlagen und stellte fest, daß die Häuser in dieser Straße sogar noch eindrucksvoller waren als einige von denen, die sie vorher zu sehen bekommen hatten. An der einen Seite konnte Jessica zwischen den Häusern sogar ab und zu das Meer aufblitzen sehen.

Besonders eins der Häuser erregte ihre Aufmerksamkeit. Wie die meisten anderen war es weiß gekalkt, aber es erstreckte sich in einer solche Größe über die Wiese und war von einem so vollkommen gestalteten Garten umgeben, daß Jessica nicht anders konnte, als stehenzubleiben und zu staunen.

Sie fuhr zusammen, als ein Auto um die Straßenbiegung gebraust kam und die Stille des Morgens störte. Es bog scharf in die Einfahrt zu dem riesigen Haus ein und bremste mit einem Quietschen. Die Fahrertür des silbergrauen, schnittigen Porsche öffnete sich, und ein Mann stieg aus, mit dem Rücken zu Jessica. Er öffnete das Garagentor, stieg wieder in den Porsche und fuhr hinein. Jessica konnte undeutlich erkennen, daß noch ein weiterer Wagen in der Garage stand. Wenn sie sich nicht irrte, war es ein Rolls-Royce.

Jessica pfiff durch die Zähne. Mein lieber Mann! Sie hörte, daß der Motor abgestellt und eine Tür zugeschlagen wurde. Kurz darauf trat der Fahrer des Wagens ins Freie und schloß das Garagentor hinter sich. Jetzt konnte Jessica ihn deutlich sehen. Er war ein Junge in etwa ihrem Alter, ziemlich klein, mit dunklem krausem Haar, einem breiten Mund und einer langen, scharfen Nase. Jessica fand, daß er irgendwie seltsam aussah, aber bei seiner imposanten Umgebung schadete es vielleicht nicht, ihn näher kennenzulernen.

Sie fing seinen Blick auf und winkte ihm zu. Er kam ein paar Schritte näher und lächelte schüchtern.

»*Bonjour!*« rief Jessica. »*Il fait beau aujourd'hui, non?*« Wie gut, daß sie in Mrs. Daltons Kurs zumindest gelernt hatte, über das Wetter zu sprechen. Sie war richtig stolz auf sich, etwas zu dem schönen Tag sagen zu können. Vielleicht hatte Elizabeth im Flugzeug gar nicht so unrecht gehabt. Französisch zu sprechen konnte richtig Spaß machen.

»*Qui, très beau.*« Der Junge hatte eine leise und sanfte Stimme, und als er vor Jessica stehenblieb, meinte sie zu sehen, daß er ein wenig rot geworden war. »*Combien de kilomètres avez-vous fait?*«

»Hmm?« Jessica überlegte fieberhaft, was das wohl heißen konnte.

»Ich frage, wie viele Kilometer du läufst«, übersetzte er langsam und mit starkem Akzent. Er zeigte auf ihren blaßblauen Jogginganzug und ihre Laufschuhe.

»Oh, das weiß ich nicht so genau. Wir messen so

etwas nicht auf diese Weise«, antwortete Jessica und strahlte ihn mit ihrem unwiderstehlichsten Lächeln an. »Woher weißt du denn, daß ich Englisch spreche?«

»Es ist dein Akzent«, erklärte der Junge. »Du kommst aus den Staaten, nein? Du siehst amerikanisch aus – groß und blond und ...« Verlegen brach er ab und starrte auf seine Schuhe hinab.

»Ja, du hast recht. Ich bin aus Kalifornien.« Jessica spürte, daß sie ihren ganzen Charme aufbieten mußte, damit dieser schüchterne junge Mann etwas mehr aus sich herausging. Nicht, daß sie etwa an sich gezweifelt hätte. Diese netten, stillen Typen wickelte sie normalerweise im Handumdrehen um den kleinen Finger. »Ich heiße Jessica Wakefield. Ich wohne bei den Glizes.« Sie streckte die Hand aus.

Der Junge nahm sie. »Marc Marcheiller. Ich freue mich, dich kennenzulernen.«

Jessica hielt Marcs Hand etwas länger als nötig fest, bis ein nervöses Grinsen auf seinem Gesicht erschien. »Du bist der erste, den ich hier kennenlerne. Außer Avery und René, heißt das.«

»Ah, ja. Sie sind sehr nett, die Glizes.«

»Na ja, zumindest Avery.« Jessica unterstrich ihre unausgesprochene Ablehnung gegen René mit einem kurzen, finsteren Stirnrunzeln.

»René aber auch, meine ich. Man muß René nur richtig kennenlernen«, sagte Marc. »Ich kenne ihn selbst nicht so gut, aber er scheint in Ordnung zu sein.«

»Ja, vielleicht.« Jessica sah keinen Sinn darin, sich

54

wegen diesem Idioten René in eine Diskussion einzulassen. »Aber ich freue mich, noch jemanden in meinem Alter kennenzulernen. Ich bin zum erstenmal in Cannes, und ich würde mich gern mit ein paar Leuten anfreunden.«

»Ich bin sicher, daß das für dich nicht schwer sein wird.« Marc nickte lebhaft. »Also ...« Er unterbrach sich, und Jessica ermunterte ihn mit einem weiteren Lächeln. »Wie gefällt dir denn Cannes soweit?« fragte er.

Auf dieses Stichwort hatte Jessica nur gewartet. »Ich glaube, es ist ganz schön«, antwortete sie, »aber bis jetzt habe ich noch nicht allzuviel davon gesehen. Ich brauche wohl jemanden, der mir etwas von der Gegend zeigt. Wie ich gehört habe, sollen die Strände einfach super sein.«

»Ja.« Marc drehte sich um, um einen Blick auf die Bucht zu werfen. »Meine Familie gehört einem exklusiven Strandclub an.«

Darauf möchte ich wetten, dachte Jessica und betrachtete wieder das unglaubliche Haus, in dem Marc lebte.

»Wenn du willst, könnte ich dich — wie sagt ihr? — dorthin begleiten«, schlug Marc zaghaft vor. »Ich würde mich sehr freuen.«

Jessica war sehr zufrieden mit sich. Das Ganze war ja schon fast zu einfach. »O Marc, ist das dein Ernst? Das fände ich toll«, meinte sie. Sie hatte keinen Zweifel, daß eine Familie mit einem solchen Haus und mit solchen Autos in der Garage dem exklusivsten Strandclub von ganz Cannes angehörte. Einen besseren Ort, um genau die Leute zu treffen, die sie kennenlernen wollte, konnte sie sich nicht vorstellen. Wenn das keine Superferien wurden! Lillian Fowler würde grün vor Neid, wenn sie davon erfuhr. »Das fände ich wirklich großartig!«

Marcs Gesicht strahlte vor Freude. »Ist dir heute nachmittag zu früh?«

»Überhaupt nicht. Ehrlich gesagt, wäre es mir heute vormittag sogar noch lieber. Sag mal, was hältst du davon, wenn ich nach Hause gehe, mich umziehe und dich in, sagen wir, einer Stunde hier wieder treffe?«

Marc sah entzückt aus. »Einverstanden«, antwortete er.

»Also gut. *A bientôt*«, verabschiedete sich Jessica. Während sie davonjoggte gratulierte sie sich zu ihrer Glanzleistung. Um Marc zu imponieren, lief sie ein bißchen schneller als gewöhnlich. Dieser Strandclub würde ihr Tür und Tor zu ihren Traumferien in Cannes öffnen!

»Du hast also schon deinen Traummann kennengelernt?« Elizabeth mochte ihren Ohren kaum trauen. »Ich meine, ich kenne ja dein Tempo, aber das hier ist einfach unglaublich!« Erstaunt betrachtete sie ihre Zwillingsschwester, während sie ihre vom Dauerlauf strapazierten Muskeln auf dem weichen Rasen der Glizes entspannte.

»Na ja«, meinte Jessica ausweichend, »Traummann ist vielleicht ein kleines bißchen übertrieben, aber er könnte der Richtige sein, der mich mit jemandem bekannt macht, der der Traummann sein könnte, wenn du verstehst, was ich meine.«

Elizabeth zog die Augenbrauen hoch. »Ich bin mir nicht ganz sicher, ob ich dich verstehe. Könntest du es mir vielleicht etwas genauer erklären?« Sie hatte das komische Gefühl, daß ihr die Antwort ihrer Schwester nicht sonderlich gefallen würde.

»Zunächst einmal wohnt er in einem unglaublich riesigen Palast von einem Haus, etwa so riesig wie das von Lillian Fowler oder von Bruce Patman. Außerdem fährt er einen silbergrauen Porsche, und seine Eltern haben einen Rolls.«

Elizabeth seufzte hörbar und verdrehte die Augen. Wann würde ihre Zwillingsschwester endlich begreifen, daß es im Leben Wichtigeres gab als Geld?

»Liz, du brauchst mich nicht gleich wieder mit diesem ›O-Jessica‹-Blick anzusehen. Es ist ja nicht nur, daß er im Geld schwimmt. Marc ist außerdem unheimlich nett, weißt du. Er will heute mit mir zu seinem Strandclub gehen, und ich bin sicher, daß wir unheimlich Spaß haben werden.«

»Das hört sich ja nicht schlecht an. Dann erzähl mir aber doch, woran es liegt, daß du die Ferien nicht mit diesem Jungen verbringen willst? Nein, warte mal, du brauchst es mir nicht zu sagen. Er ist reich, und er ist nett. Ich nehme an, das bedeutet, sein Äußeres ist nicht so vollkommen, daß er Jessica Wakefields hochgeschraubten Anforderungen genügen könnte, stimmt's?«

Manchmal konnte Elizabeth ihre Schwester einfach

nicht begreifen. Derartige Diskussionen hatten sie schon des öfteren gehabt. Elizabeth konnte schon nicht mehr zählen, wie oft sie Jessica zu überzeugen versucht hatte, daß es unfair war, Jungen so oberflächlich zu beurteilen, sie einfach zu benutzen und dann wegzuwerfen.

»Liz, wenn man das Äußere dieses Jungen als nicht ganz vollkommen bezeichnet, ist das eine leichte Untertreibung. Um die Wahrheit zu sagen, ist er — na ja, zunächst einmal ist er gut zehn Zentimeter kleiner als ich.«

»Entsetzlich. Jessica, sag mir, wo es geschrieben steht, daß der Junge unbedingt größer sein muß als das Mädchen? Ich wüßte wirklich gern, in welchem Zeitalter du lebst.« Elizabeth stand auf, umfaßte einen Fußknöchel und beugte das Knie, um ihre Oberschenkelmuskulatur zu strecken.

»Liz, das ist ja noch nicht alles. Ich meine, ich bin doch auch schon mit Jungen gegangen, die kleiner als ich waren. Zum Beispiel mit Chuck Wollman. Weißt du noch? Er war winzig«, verteidigte sich Jessica. »Es ist so, daß Marc — ähm — ach, was soll's!« Verärgert warf Jessica die Hände hoch. »Ich sehe nicht ein, weswegen ich mich ausgerechnet vor dir rechtfertigen soll. Wann bist du jemals mit einem Jungen ausgegangen, der komisch aussieht?« Mit einer geschickten Drehung hatte jetzt Jessica den Angriff übernommen.

»Immerhin bin ich längst nicht mit so vielen Jungen ausgegangen wie du«, begann Elizabeth. »Außer Ted und Jeffrey hat es nur sehr wenige gegeben ...«

»Und beide sind auch nicht gerade ein Abgrund an Häßlichkeit«, antwortete Jessica. »Siehst du, du tust genau das, was du mir immer vorwirfst.«

Elizabeth schüttelte den Kopf. »Jessie, ich kapiere nicht, wie du es immer wieder schaffst, alles so zu verdrehen, daß ich zum Schluß gar nicht mehr weiß, was ich gesagt habe.«

»Das ist Begabung, Liz, eine ganz besondere Begabung.« Jessica strahlte Elizabeth mit ihrem schönsten Zahnpasta-Lächeln an.

Elizabeth fing an zu lachen. »Schon gut, Jessie. Ich denke, du hast es wieder mal geschafft, deiner täglichen Standpauke zu entgehen. Aber tu mir bitte einen Gefallen, ja?«

»Für meine liebe Zwillingsschwester würde ich alles tun«, erwiderte Jessica. »Du brauchst nur ein Wort zu sagen.«

»Versuch bitte, wenigstens nett zu diesem Marc zu sein.«

»Um dich zu beruhigen, Liz, ich habe Marc heute schon wunschlos glücklich gemacht. Du hättest seinen Gesichtsausdruck sehen sollen, nachdem ich ihm gesagt hatte, ich würde heute mit ihm zum Strand gehen. Wahrscheinlich ist ihm das ganze Jahr über nichts Aufregenderes passiert.«

»Jessica, ich bin immer wieder beeindruckt von deiner Bescheidenheit.«

»Tja, das ist auch nur eine meiner zahlreichen guten Charaktereigenschaften. Und jetzt, Liz, entschuldige mich bitte, weil ich mich fertigmachen will.« Bevor Elizabeth noch ein Wort sagen konnte, hatte Jessica den Rasen schon halbwegs überquert.

Etwa fünfzehn Minuten später tauchte sie wieder auf. Ihr winziger Bikini schimmerte unter ihrem halbtransparenten Strandkleid hindurch.

»Also, dann drück mir mal die Daumen«, sagte Jessica. »Und, Liz, sitz hier doch nicht den ganzen Tag herum! Du solltest wirklich rausgehen und ein paar Leute kennenlernen.«

»Wie lieb von dir, daß du dir solche Gedanken um mich machst, Jessica.«

Falls Jessica etwas von Elizabeths Spott bemerkt hatte, ließ sie es sich nicht anmerken. »Ich finde es nur natürlich, mir deinetwegen Gedanken zu machen. Immerhin bist du meine Lieblingsschwester.«

Elizabeth verzichtete darauf, Jessica daran zu erinnern, daß sie auch ihre einzige Schwester war. Sie wußte, daß Jessica tief in ihrem Innern wirklich nur das Beste für ihre Schwester wollte. »Danke, Jessie. Und viel Spaß.«

»Keine Sorge, den werde ich schon haben.«

Elizabeth sah der schlanken, wohlgeformten Gestalt ihrer Zwillingsschwester nach, die mit graziösen Bewegungen über den Rasen davonging, während ihr schulterlanges Haar wie Gold in der Sonne schimmerte. Armer Marc. Er würde nicht mal wissen, was ihn getroffen hatte.

5 Elizabeth blätterte in einem Buch über Cannes, das sie im Bücherregal der Glizes entdeckt hatte und machte sich auf einem Block Notizen. »Boulevard de la Croisette« schrieb sie. »Der Turm von Mont Chevalier, Castre-Museum«. Jessica hatte vollkommen recht. Sie mußte wirklich aus dem Haus herauskommen. Und wenn René einen solchen Widerwillen dagegen hatte, ihr die Stadt zu zeigen, mußte sie sie eben auf eigene Faust besichtigen.

Sie überflog die Liste der Orte, die sie besuchen wollte, und fügte einen weiteren hinzu. »STRAND« schrieb sie in großen Buchstaben hin. Sie hatte soviel von der Mittelmeerküste gehört, daß sie es kaum erwarten konnte, endlich selbst einmal hier am Meer zu liegen.

Liz hatte gerade das Buch ins Regal zurückgestellt und war nun dabei, ihre Liste zusammenzufalten, da hörte sie die Haustür gehen. Laute Stimmen drangen zu ihr ins Wohnzimmer.

»Ich hatte dich gebeten, die beiden Mädchen heute in die Stadt mitzunehmen, und jetzt erfahre ich, daß du den ganzen Vormittag mit Edouard zusammen verbracht hast«, sprudelte Avery in schnellem, verärgertem Französisch hervor. »Ich warne dich, René ...«

»Ich kann nichts daran ändern«, glaubte Elizabeth ihn antworten zu hören. »Du weißt genau, was ich von den Amerikanern halte, aber du mußtest trotzdem unbedingt die zwei Mädchen hierher einladen. Ich habe keine Ahnung, was du dir damit beweisen wolltest.«

»René, ich verbitte mir, daß du in diesem Ton mit mir sprichst. Ich hatte die Absicht, dir zu zeigen, wie unrecht du hast. Menschen sind Menschen. Sie haben alle ihre guten und schlechten Seiten, gleichgültig, welcher Nationalität sie sind.«

»Aber es gibt Menschen, die selbstsüchtiger sind als andere«, antwortete René. »Manche Menschen haben ausschließlich ihre eigenen Interessen im Sinn.«

»Stimmt genau«, erwiderte Avery mit fester Stimme. »Dir zum Beispiel ist es völlig egal, daß du unsere Gäste einfach im Stich gelassen hast ...«

»Genauso, wie er uns im Stich gelassen hat«, fiel ihr René ins Wort.

Elizabeth hörte deutlich die eisige Feindseligkeit und Ablehnung in Renés Worten. Wer mochte »er« wohl sein? Ob René damit seinen Vater meinte? Wenn ja, was hatte sein Vater mit Jessica und ihr, Elizabeth, zu tun? Elizabeth war verwirrt. Na ja, vielleicht hatte sie einfach mißverstanden, was René und seine Mutter zueinander gesagt hatten. Sie hatten sehr schnell gesprochen, und es waren einige Worte gefallen, die Elizabeth nicht kannte.

»René, ich bestehe darauf, daß du Elizabeth und Jessica wenigstens eine Chance gibst. Du wirst den beiden Mädchen Cannes zeigen, und zwar noch heute nachmittag. Ist das klar?«

»Mir ist klar, daß ich keine andere Wahl habe.«

»René, und versuch bitte, es mit Anstand zu tragen. Es wäre dir bestimmt nicht recht, wenn Ferney von den Wakefields genauso behandelt würde, wie du die Zwillinge behandelst.«

Als Ferneys Name fiel, wanderte Elizabeths Blick automatisch zu einem weiteren Foto des Mädchens, das im Bücherregal aufgestellt war. Zu gern hätte sie gewußt, wie ihre Familie auf die Besucherin reagierte, die der Freundin, die Steven verloren hatte, auf so unheimliche Weise ähnelte.

»Ned, ist dir schon aufgefallen, daß er gar nicht den Blick von ihr wenden kann?« Alice und Ned Wakefield saßen am Küchentisch, auf dem noch das Geschirr ihres verspäteten Frühstücks stand.

»Wie könnte ich das übersehen? Seit sie den Fuß in dieses Haus gesetzt hat, folgt er ihr auf Schritt und Tritt wie ein treues Hündchen.« Mr. Wakefield schüttelte den Kopf. »Sie können sich kaum miteinander verständigen, und trotzdem ...« Er ließ den Satz unbeendet.

»Ferney scheint diese Aufmerksamkeit zu gefallen, findest du nicht?« bemerkte Mrs. Wakefield. »Sie ist so aufgedreht, sobald er in ihrer Nähe ist — immer lacht sie und himmelt ihn mit ihren großen Augen an.«

»Ja. Sie hat etwas an sich, das mich ein wenig an Jessica erinnert«, erwiderte ihr Mann.

»Aber Steven kann in ihr nur das Ebenbild von Tricia Martin erkennen«, stellte Alice Wakefield düster fest. Sie stützte das Kinn in die Hände. Wer diese blonde, jugendliche Frau sah, wußte gleich, von wem die Zwillinge ihr gutes Aussehen geerbt hatten, während Steven groß und dunkelhaarig wie sein Vater war. Mrs. Wakefield machte ein besorgtes Gesicht. »Gestern war er völlig aus dem Häuschen, weil er erfahren hatte, daß Ferney sich für Naturwissenschaften interessiert. Wenn du mich fragst, sucht unser Sohn geradezu nach Gemeinsamkeiten.«

»Man kann es ihm noch nicht einmal verdenken. Die äußerliche Ähnlichkeit ist wirklich erstaunlich. Selbst ich muß mir dauernd vor Augen halten, wer sie ist. Wie überwältigt muß dann erst der arme Steven sein! Ich fürchte, die Sache könnte für ihn gefährlich werden.«

Seine Frau nickte. »Es ist zu schade. Dabei hatte ich den Austausch für eine so gute Idee gehalten. Und jetzt bin ich fast schon dankbar, daß nächste Woche alles vorbei sein wird.«

»Alice, ich befürchte nur, daß es noch lange nicht vorbei sein wird, wenn Ferney zurückfliegt. All die Erinnerungen an Tricia, die in Steven jetzt wach werden, werden seine alten Wunden wieder aufreißen. Vielleicht ist es für ihn, als müßte er ihren Verlust noch einmal durchleiden. Dabei hatte er sich doch gerade von dem Schlag erholt.«

»Ich verstehe, was du meinst. Außerdem wird Steven nicht der einzige sein, der zu leiden hat. Kannst du dir vorstellen, wie der armen Cara im Moment zumute sein muß? Steven ist ihr in letzter Zeit aus dem Weg gegangen. Weißt du, meiner Meinung nach waren die beiden gerade im Begriff gewesen, eine ganz besondere Beziehung aufzubauen. Cara hat ihm sehr dabei geholfen, über den Schock hinwegzukommen.« Mrs. Wakefield seufzte. »Ich will gar nicht daran denken, was passiert, wenn er sie wegen dieser Sache verliert. Bestimmt weiß sie, daß irgendwas nicht stimmt.«

Mr. Wakefield trank einen Schluck lauwarmen Kaffee. »Meinst du, einer von uns sollte mal mit Steven reden?«

Seine Frau schüttelte den Kopf. »Gestern habe ich ihm vorgeschlagen, endlich mal Caras Anrufe zu beantworten, und beinahe hätte er mir den Kopf abgerissen. Ich glaube nicht, daß wir etwas erreichen, wenn wir mit ihm reden. Im Gegenteil, vielleicht bemüht er sich dann nur noch hartnäckiger um Ferney.«

»Aber dieses Mädchen ist nun mal nicht Tricia Martin. Das muß Steven einfach einsehen.«

»Aber wie soll man ihm das klarmachen?« Mrs. Wakefield runzelte die Stirn. »Steven behauptet steif und fest, daß er die Vergangenheit überwunden hat und daß er nichts weiter im Sinn hat, als Ferney einen angenehmen Aufenthalt in Amerika zu bereiten.«

»Wahrscheinlich ist er selbst gar nicht in der Lage, seine Situation richtig einzuschätzen. Bestimmt wird ihm schon schwindelig, wenn er Ferney nur ansieht.«

Mrs. Wakefield schlug mit der Faust auf den Tisch.

»Ned, wenn ich mir nur nicht so hilflos vorkommen würde!« sagte sie verzweifelt.

»Alice, ich wünschte ja, ich könnte dir sagen, daß alles wieder gut wird. Ich wünschte, ich könnte mir das selbst einreden.« Ned Wakefield langte über den Tisch und nahm die Hand seiner Frau. »Aber ich fürchte, wir können nichts weiter tun, als abzuwarten und dazusein, falls Steven es sich anders überlegt und doch mit uns reden will.«

»Du hast recht, Ned.« Mrs. Wakefield räumte etwas von dem Geschirr zusammen und brachte es zum Spülbecken. »Na' ja, einen Trost haben wir wenigstens in diesem ganzen Durcheinander – den Frankreichaufenthalt der Mädchen. Glaubst du, daß es den beiden dort gefällt?«

Ned Wakefield räumte die Kaffeekanne und die Tassen vom Tisch. »Darüber brauchst du dir bestimmt keine Sorgen zu machen. Ich bin sicher, daß es Elizabeth und Jessica ausgezeichnet geht.«

Zweifellos sollte dies die kürzeste Stadtrundfahrt aller Zeiten werden. René flitzte wie ein Wahnsinniger mit dem Auto seiner Mutter durch Cannes, während Elizabeth verkrampft ganz vorn auf der Kante des Sitzes hockte.

Elizabeth hatte Avery versichert, daß es ihr überhaupt nichts ausmachen würde, die Stadt allein zu besichtigen, wenn ihr nur jemand erklärte, wie sie zu den Plätzen gelangte, für die sie sich interessierte. Sie fand, daß sie schon genug Streit zwischen René und seiner Mutter verursacht hatte und wollte die Dinge nicht noch schlimmer machen. Außerdem war sie überzeugt, daß sie ohne Fremdenführer besser zurechtkommen würde als mit einem, der sie so wenig ausstehen konnte.

Aber Avery hatte darauf bestanden, daß ihr Sohn Elizabeth die Stadt zeigte. »Ich finde es schön, daß Jessica schon jemanden kennengelernt hat, aber du solltest nicht ganz allein in einer fremden Stadt sein. Ich würde dir gern selbst die Sehenswürdigkeiten zeigen, aber leider muß ich heute nachmittag arbeiten. Außerdem kennt René sowieso die Plätze besser, wo sich die jungen Leute treffen. Nicht wahr, *chéri?*«

»Klar.«

»Schön, dann wäre das also geregelt«, hatte Avery gesagt. »Ich fahre mit dem Moped zur Arbeit, und ihr könnt das Auto benutzen. René, du wirst Elizabeth doch ein paar von deinen Freunden vorstellen?« Es war mehr eine Aufforderung als eine Frage gewesen.

»Ja, wahrscheinlich gehen wir später ins Festival Café. Georges und Edouard haben gesagt, daß sie auch dort sein wollten.« René war kühl, aber höflich gewesen. Aber kaum war seine Mutter zur Arbeit gefahren, da hatte sich sein Benehmen geändert.

»Ich schätze, es bleibt uns nichts übrig, als den Nachmittag gemeinsam zu verbringen«, hatte er kalt gesagt. »Nur du und ich, denn deine Schwester hat sich ja mit Marc aus dem Staub gemacht.«

René war so schnell aus dem Haus gestürmt, daß Elizabeth Mühe hatte, mit ihm Schritt zu halten. »Da.« Er hatte ihr die Beifahrertür aufgeschlossen und war um den Wagen gegangen, um selbst einzusteigen.

Elizabeth hatte sich gesetzt und zum Fenster hinausgestarrt, während René den Motor angelassen hatte. Dann war etwas ganz Komisches passiert. Beim Schalten hatte Renés Hand kurz Elizabeths gestreift. Sie hatte ihm den Kopf zugewandt, und René hatte sie angesehen. Es war, als lehnte er sich ein wenig zu ihr. Sie nahm den angenehmen Duft seines Aftershaves wahr, und er war ihr so nah, daß sie nur die Hand hätte zu heben brauchen, um ihm sein blondes Haar aus der Stirn streichen zu können. Elizabeth war sich nicht sicher, ob sie es sich nur einbildete, oder ob es in diesem Moment wirklich zwischen ihnen knisterte.

Aber dann hatte René mit einemmal heftig den Kopf geschüttelt und sich gerader hingesetzt. Das Gefühl, das Elizabeth gerade noch gehabt hatte, war verschwunden. Es war aber auch ein so kurzer Augenblick gewesen, daß sie glaubte, sich geirrt zu haben. René hatte den Motor aufheulen lassen und war mit quietschenden Reifen aus der Einfahrt losgeprescht.

Und nun raste er in unvermindertem Tempo mit Elizabeth durch die Stadt. Ab und zu zeigte er auf irgendein Gebäude oder eine Grünanlage, aber seine Erklärungen wurden vom Gedudel des Autoradios verschluckt, das er auf volle Lautstärke gedreht hatte.

René bog scharf auf einen breiten Boulevard ein, den Elizabeth sowohl von ihrer Fahrt vom Flughafen als auch aus dem Buch, das sie sich bei den Glizes angesehen hatte, wiedererkannte. Es war die Croisette, die Hauptstraße, das Herz von Cannes. Auf der einen Seite glitzerte das Meer in einladendem Blau, auf der anderen warteten Hotels, Restaurants und Geschäfte auf Feriengäste, die auf der Suche nach extravaganter Badeort-Atmosphäre waren.

Es war genauso eindrucksvoll, wie Elizabeth es sich vorgestellt hatte. Sie fand es nur schade, daß sie nicht aussteigen konnte, um sich alles in Ruhe aus der Nähe zu betrachten. »René, was ist denn dort drüben los, wo all die Leute herumstehen?« fragte sie laut, um die ohrenbetäubende Musik zu übertönen.

René hielt mit einem Ruck. »Das ist das ›Palais des Festivals‹, wo früher die Filmfestspiele stattgefunden haben. Das erkennt man doch gleich an der Horde von amerikanischen Touristen, die davorstehen und glotzen.«

Elizabeth überhörte seine gehässige Bemerkung. »Jedenfalls vielen Dank, daß du angehalten hast, um mich schauen zu lassen.«

»Ich wollte sowieso anhalten«, erwiderte René kurz angebunden.

»Ja? Gehen wir jetzt vielleicht an den Strand?« fragte Elizabeth begeistert. »Ich habe mir für alle Fälle den Badeanzug druntergezogen.« Sie blickte zum Fenster hinaus über die ausgedehnte Fläche weißen Sandes. Ein Strandabschnitt war mit roten Sonnenschirmen gesprenkelt, ein anderer mit blauen, und ein Stück weiter weg konnte man gelbe und dann wieder grüne Schirme sehen.

In dem Buch über Cannes hatte Elizabeth als Erklärung gelesen, daß jeder Strandclub seine eigene Farbe hatte. Und hinter den Liegestühlen und Sonnenschirmen gab die Bucht den Blick auf das endlose Meer frei. »Ich kann kaum erwarten, endlich schwimmen zu gehen!« Fast schon konnte Elizabeth das Salzwasser auf den Lippen schmecken.

»Da muß ich dich leider enttäuschen. Ich habe nicht vor, mit dir an den Strand zu gehen.«

»Nicht?« fragte Elizabeth niedergeschlagen.

»Nein. Ich kann den Strand nicht ausstehen.« René hatte einen Parkplatz gefunden und hielt an.

»Wieso denn nicht?« Für Elizabeth gab es kaum einen anderen Ort, wo sie sich lieber aufhielt als am Strand. Nirgendwo konnte sie besser lesen, sich allein entspannen oder aber zusammen mit Freunden den Nachmittag mit Frisbee, Volleyball, Schwimmen, Sonnenbaden und Herumtoben verbringen. Wie konnte man den Strand nicht mögen? »René, du hast einen der schönsten Strände der Welt direkt vor deiner Haustür, und das Wasser hat angeblich die ideale Badetemperatur …«

»Ich gehe nie schwimmen«, schnitt ihr René das Wort ab, während sie ausstiegen. »Jedenfalls jetzt nicht mehr«, fügte er etwas leiser hinzu. Er starrte auf die türkisfarbene Wasserfläche hinaus, und seine Augen wurden traurig. »Früher bin ich immer gern schwimmen gegangen, aber dann … Ach, was interessiert es dich eigentlich?« Sein Ton war wieder genauso unfreundlich wie zuvor.

»Es interessiert mich tatsächlich«, meinte Elizabeth einfach.

René wandte ihr das Gesicht zu und sah ihr forschend in die Augen. Für einen kurzen Augenblick kehrte das knisternde Gefühl wieder, aber im nächsten Moment war es schon wieder verschwunden. »Hör mal, Liz, vergiß am besten, daß ich überhaupt etwas gesagt habe, in Ordnung? Ich habe keine Lust, den ganzen Tag hier herumzustehen und zu reden«, fuhr René sie an. »Ich habe meinen Freunden gesagt, daß wir uns in dem Café dort auf der anderen Straßenseite treffen.« Er marschierte los, ohne sich umzusehen und zu vergewissern, ob Elizabeth auch mitkam.

Sie folgte ihm und wich den vielen Leuten aus, die den breiten Boulevard entlangspazierten. René hatte sich reichlich seltsam benommen, fand sie. Manchmal hatte er Momente, in denen er Elizabeth richtig menschlich erschien. Dann wirkte er so verletzlich, daß es sie fast rührte. Doch sobald sie ihm ein wenig entgegenkam, zog er sich hinter seiner Fassade aus Unleidlichkeit zurück. Ob er irgendein komisches Spielchen mit ihr trieb? Ob es ihm Spaß machte, ihre Gefühle zu verletzen?

Während Elizabeth hinter René herlief, kochte sie innerlich vor Wut. Was konnte er gegen jemanden haben, den er überhaupt nicht kannte? Sie mußte wieder an den Streit zwischen ihm und seiner Mutter denken, den sie mit angehört hatte. Ob René seinen Vater gemeint hatte, als er von dem Menschen sprach, der sie im Stich gelassen hatte? Aber was für eine Verbindung konnte es zwischen seinem Vater und ihr und Jessica geben? Und wie sollte sie sich Renés Haß auf die Amerikaner erklären?

Plötzlich traf sie die Erkenntnis wie ein Blitz. Hatte Avery nicht anfangs erzählt, daß sie in den Vereinigten Staaten gelebt hatte? Und daß René seine Englischkenntnisse von seinem Vater hätte? Wenn sein Vater nun Amerikaner war? Das mußte es sein! Und er hatte seine Familie verlassen, vermutlich, als Ferney noch ein Baby war, denn sie hatte nie Englisch gelernt.

Plötzlich schien alles ganz einfach und klar zu sein. Kein Wunder, daß René eine so schlechte Meinung von den Amerikanern hatte.

Aber was hatte dieses neue Puzzle-Teilchen zu bedeuten — Renés Abneigung gegen den Strand? Ob das auch etwas mit seinem Vater zu tun hatte?

Elizabeth sagte sich, daß sie vielleicht zuviel in alles hineininterpretierte. Manchmal ging halt einfach ihre schriftstellerische Fantasie mit ihr durch. Das konnte natürlich auch bedeuten, daß ihre ganze Theorie über Renés Vater falsch war.

Elizabeth folgte René zu einem der Tische in dem überfüllten Straßencafé gegenüber des Palais des Festivals. Gern hätte sie ihn gefragt, ob sie mit ihren Vermutungen recht hatte, aber sie traute sich nicht. Bestimmt hätte er sie beschuldigt, sich in seine Angelegenheiten einzumischen, und sein Vorurteil gegen Amerikaner hätte sich noch verstärkt.

Trotzdem mußte sie feststellen, daß sie ihren Gastgeber jetzt mit verständnisvolleren Augen betrachtete. Wenn sie mit ihrer Annahme recht hatte, machte René wahrscheinlich gerade eine sehr schwere Zeit durch, weil er mit ihr und Jessica unter einem Dach leben mußte. Elizabeth beschloß, mehr Verständnis für ihn aufzubringen als bisher.

Doch sie bereute ihren Entschluß schnell wieder. René machte sie mit seinen zwei Freunden bekannt, die sie schon am Tisch erwarteten, und gab sich danach alle Mühe, Elizabeth zu zeigen, daß sie ausgeschlossen war.

Georges und Edouard schienen ganz nette Jungen zu sein, und sie zogen nicht mit. Georges bestellte für Elizabeth einen Milchkaffee, und Edouard erzählte ihr ein wenig über das Café, in dem sie saßen. »Man bestellt sich eigentlich nur etwas zu trinken, damit man einen Grund hat, die ganze Zeit hier mit seinen Freunden zu sitzen, die Leute zu beobachten oder Zeitung zu lesen. Man mietet gewissermaßen den Tisch, verstehst du?« Er lächelte sie freundlich an.

Aber jedesmal, wenn einer seiner Freunde ein Gespräch mit Elizabeth begann, wechselte René das Thema und sprach dabei absichtlich so schnell und unverständlich Französisch, daß Elizabeth keine Chance hatte, der Unterhaltung zu folgen.

Ihre Geduld mit René war langsam am Ende. Er hatte einfach kein Recht, sie so zu behandeln, egal, was für schlechte Erfahrungen er mit Amerikanern gemacht hatte. Elizabeth seufzte, während sie ein Stück Zucker in ihre zweite Tasse Kaffee rührte. Wenn sie sich in Cannes amüsieren wollte, würde sie Jessicas Beispiel folgen und selbst ein paar nette Leute kennenlernen müssen.

6 Elizabeth ging die Auffahrt hinunter, wandte sich nach rechts und folgte der schmalen Straße, die über die Kuppe des Hügels führte. Ein bestimmtes Ziel hatte sie nicht. Sie wollte nur aus dem Haus kommen und vor allen Dingen René so weit wie möglich hinter sich lassen. Nach ihrem grauenvollen gemeinsamen Nachmittag fand sie es besser, erstmal auf Abstand zu gehen. Weder Jessica noch Avery waren bis jetzt wieder nach Hause gekommen, und Elizabeth hatte keine Lust, mit diesem Jungen allein zu Hause zu bleiben.

Sie hatte sich ihm gegenüber so natürlich und offen wie möglich gegeben, aber je mehr sie sich um ihn bemüht hatte, desto mehr hatte René sich über sie lustig gemacht. Als sie versucht hatte, sich an Renés Unterhaltung mit Georges und Edouard über die letzten internationalen Tennismeisterschaften zu beteiligen, hatte René lautstark ihren amerikanischen Akzent imitiert.

»Hör schon auf, René. Sie spricht doch sehr gut Französisch«, hatte Edouard sie verteidigt. »Ich könnte jedenfalls nicht halb so gut Englisch sprechen.«

»Na ja, du hast wenigstens Verstand genug, es bleiben zu lassen. Aber ich glaube, es gibt Menschen, die sich gern lächerlich machen«, hatte René gehässig bemerkt.

Als René später zum Waschraum gegangen war, hatte Edouard teilnahmsvoll Elizabeths Arm getätschelt. »Kümmere dich nicht um ihn«, hatte er langsam und deutlich auf Französisch gesagt. »Du machst deine Sache sehr gut.«

»Genau«, hatte Georges zugestimmt. »Ich weiß nicht, was mit René los ist. Normalerweise ist er ein so netter Kerl.«

»Ich glaube, er hat einfach etwas gegen Amerikaner«, hatte Elizabeth leise geantwortet.

»Na, du weißt ja wohl über seinen Vater Bescheid, oder?« hatte Edouard gefragt. »Obwohl das noch lange keine Entschuldigung für sein schlechtes Benehmen ist.«

»Dann ist sein Vater also tatsächlich Amerikaner! Das hatte ich mir schon gedacht. Aber Glize ist doch ein französischer Name.«

»Das ist der Mädchenname von Renés Mutter. Sie wollte nicht den Namen eines Mannes behalten, der sie so sehr enttäuscht hatte.«

»Sein Vater hat die Familie verlassen, als René noch klein war?« Endlich hatte Elizabeth eine Möglichkeit, ihre Vermutungen zu bestätigen.

Edouard hatte genickt. »Ich glaube, es war eine ziemlich schlimme Angelegenheit. Madame Glize war noch sehr jung, und sie hatte zwei kleine Kinder zu versorgen. René spricht nicht sehr oft darüber, aber ich glaube, innerlich macht ihm das schwer zu schaffen.«

»Und jetzt hat er jemanden, an dem er seine Wut auslassen kann«, hatte Elizabeth niedergeschlagen bemerkt. »Er tut mir ja leid, aber ...« Elizabeth hatte nicht weitergesprochen, als sie gesehen hatte, daß René an den Tisch zurückkehrte.

»Wer tut dir leid? Für wen blutet das Herzchen unserer kleinen Amerikanerin so sehr?« hatte René voller Spott gefragt.

Elizabeth hatte nicht geantwortet und gehofft, daß René lockerlassen würde, wenn sie nicht auf seine Sticheleien einging. Aber er hatte nicht aufgehört, sie bei jeder Gelegenheit zu piesacken.

Am späten Nachmittag hatten René und seine Freunde Elizabeth zum Essen in ein hübsches kleines Bistro eingeladen. Es hätte ganz nett sein können, wenn René sich nicht entschlossen hätte, Elizabeth in aller Öffentlichkeit zu demütigen.

»Ober! Herr Ober, bringen Sie uns bitte noch Ketchup«, hatte er dem Kellner hinterher gerufen, nachdem das Essen serviert worden war. »Wir haben eine Amerikanerin bei uns. Man weiß ja, daß Amerikaner alles Eßbare mit diesem Zeug überschütten müssen. Wahrscheinlich ist ihr eigenes Essen anders nicht genießbar.«

Das war selbst für Edouard und Georges zuviel gewesen.

»René, hör jetzt endlich auf«, hatte Georges gefordert.

»Ach, du willst mir wohl sagen, wie ich mich zu benehmen habe?« René hatte die Gabel sinken lassen und seinen Freund wütend angesehen.

»Offensichtlich hast du es nötig«, hatte Edouard leise hinzugefügt.

»Du also auch?« Renés giftiger Tonfall hatte bewirkt, daß andere Gäste herüberzustarren begannen.

Die Stimmung am Tisch war gespannt gewesen und hatte sich während des Essens noch verschlechtert. Als der letzte Bissen gegessen war, hatten sie bezahlt und waren gegangen. René hatte kaum noch ein Wort mit seinen Freunden gesprochen. Die Schuld daran gab er Elizabeth. Das machte er ihr jedenfalls deutlich klar, als sie zu der Stelle zurückkehrten, wo sie das Auto geparkt hatten.

»Die zwei haben doch nur zu dir gehalten, weil du ein hübsches Gesicht hast. Sie machen sich erst gar nicht die Mühe herauszufinden, wie du wirklich bist.«

»Aber du hast dir diese Mühe gemacht. Das willst du doch damit sagen, oder?« hatte Elizabeth gekränkt gefragt.

Renés Schweigen hatte sie überrascht. Auf diese Frage war ihm offenbar keine passende Antwort eingefallen. Es war, als hätte ihm das zu denken gegeben. Zwar entschuldigte er sich nicht für sein Verhalten, aber er verkniff sich zumindest weitere Gemeinheiten während der Heimfahrt.

Elizabeth war auch entschlossen, ihm keine Gelegenheit mehr zu bieten, sie zu beleidigen. Sobald sie zu Hause angekommen waren, war sie nach oben gegangen, hatte sich ihr Tagebuch und einen Schreibstift geschnappt und war zu einem Spaziergang aufgebrochen.

Inzwischen hatte Elizabeth die Hügelkuppe erreicht und bewunderte die Aussicht. Ein Stück die Straße hinunter lag zur Rechten ein Olivenhain. Reihe um Reihe standen die Bäume mit der silbernen Rinde in der terrassenförmigen Pflanzung, deren einzelne Abschnitte von niedrigen Steinmauern begrenzt wurden. Goldenes Sonnenlicht lag auf den schmalen Zweigen und ergoß sich über den Boden zwischen den Bäumen.

Elizabeth folgte der Straße, bis sie den Olivenhain erreichte und stieg mehrere Abschnitte der terrassierten Pflanzung hinab, bis sie zu einem weichen, sonnenbeschienen Stückchen Wiese gelangte. Dort setzte sie sich hin und atmete ein paarmal tief durch, bis sie spürte, wie sich die Anspannung des Tages langsam in ihr legte. Die Nachmittagssonne schien warm, und es wehte eine leichte Brise. Elizabeth schraubte ihren Stift auf und fing an zu schreiben.

Sie notierte alles, was es bis dahin über die Ferien zu berichten gab – den Flug, das Haus, in dem sie wohnten, die Innenstadt von Cannes, Avery – nur René ließ sie unerwähnt. Sie fand, daß ihr Papier dazu zu schade war.

Als Elizabeth mit ihrer Tagebucheintragung fertig war, schloß sie das dunkelblau eingebundene Buch, streckte sich auf dem herrlich duftenden Boden aus und schloß die Augen. Vögel zwitscherten, und weiter weg konnte sie Kinder spielen hören. Erinnerungen an zu Hause mischten sich mit den Eindrücken des späten Nachmittags, und Elizabeth nickte ein wenig ein.

Plötzlich fuhr ihr etwas Feuchtes übers Gesicht. Sie riß die Augen auf und richtete sich mit einem Ruck auf. Als sie den niedlichen jungen Schäferhund sah, dem die nasse rosa Zunge seitlich aus dem Maul baumelte, mußte sie laut lachen. »Hallo! Du wolltest mir wohl einen Schreck einjagen, wie?«

Der kleine Hund wedelte mit dem Schwanz. Wieder sprang er auf Elizabeth zu, stupste sie mit der Schnauze an und leckte ihr über die Wange.

»Hör mal! Nicht so stürmisch!« Elizabeth legte den Arm um das Hündchen und streichelte ihm über den Rücken. Sofort wurde es etwas ruhiger. Es legte sich neben sie, bettete seine weiche Schnauze in ihren Schoß und sah sie mit unschuldigen Augen an.

Als Elizabeth eine Weile später widerstrebend aufstand, um zu gehen, folgte der junge Hund ihr. »Ich mag dich ja auch, du Kerlchen, aber du mußt jetzt nach Hause gehen«, sagte sie und streichelte das Hündchen. »Gehörst du vielleicht dorthin?« Sie zeigte auf ein Haus, das auf einer Anhöhe oberhalb des Olivenhains stand. »Na los, lauf nach Hause!«

Aber das Hündchen heftete sich weiter an ihre Fersen. Elizabeth fing an, schneller zu gehen, weil sie hoffte, das Hündchen würde dann umkehren, aber es hielt mit ihr Schritt. Als sie stehen blieb, blieb es auch stehen und blickte erwartungsvoll zu ihr hoch.

Elizabeth ging in die Hocke. »Du, ich möchte nicht, daß du dich verläufst.« Sie kraulte ihm den Hals. Dabei berührten ihre Finger eine Metallplakette, die an seinem Halsband befestigt war. Sie besah sich die Plakette genau. *Nykki*, stand darauf. *Villa de Willenich.*

»Nykki«, sagte Elizabeth. Sobald das Hündchen seinen Namen hörte, wedelte es freudig mit dem Schwanz. »Dann muß ich wohl versuchen herauszufinden, wo diese Villa de Willenich ist, damit ich dich deinen Besitzern zurückbringen kann. Ich würde dich sehr vermissen, wenn du mein Hund wärst.« Sie tätschelte Nykki den Kopf. »Also, los geht's.«

Sie stieg zur Straße hinauf, und Nykki sprang neben ihr her. Nachdem sie ein Stück die Straße entlanggegangen waren, kamen sie an einem Haus mit einem großen Garten vorbei, in dem zwei kleine Jungen spielten. »Nykki!« rief einer von ihnen, kam zur Straße gelaufen und warf die Arme um den kleinen Hund.

»*Bonjour*. Weißt du vielleicht, wo Nykki zu Hause ist?« fragte Elizabeth.

Der Junge sah sie an und kicherte verlegen. Dann zeigte er auf eine Seitenstraße, die links abzweigte.

»Wie weit?« fragte sie.

Der Junge kicherte nur noch mehr. Wahrscheinlich hat er noch nie jemanden so wie mich sprechen hören, dachte Elizabeth. »Welches Haus ist es?« Sie versuchte, ihr Französisch so deutlich und akzentfrei wie möglich zu sprechen.

Jetzt kam der andere Junge näher. Er schien etwas älter zu sein. »Es ist das riesengroße Haus.« Er zeigte auf dieselbe Seitenstraße. »Dort gibt es keine anderen Häuser.«

Elizabeth bedankte sich bei den beiden und ließ sie Nykki noch ein Weilchen streicheln. Dann schlug sie die Richtung ein, die die beiden ihr gezeigt hatten.

Die Seitenstraße schlängelte sich mit vielen Kurven durch bewaldetes Gebiet. Dann wurde sie gerade, und rechts und links standen nicht mehr so viele Bäume. Am Ende der Straße tauchte inmitten eines üppigen, parkähnlichen Gartens eine riesige Prachtvilla auf. Sie bestand aus einem Mittelgebäude mit einem Nebentrakt an jeder Seite. Links von dem Gebäude befand sich ein kleiner See, der von hohen, schlanken, dunklen Zypressen umstanden war.

»Super!« entfuhr es Elizabeth.

Nykki bellte freudig und rannte auf die große Villa zu. Elizabeth lief hinterher, und als sie bei der Eingangstür ankam, war sie ganz außer Atem. Nach kurzem Zögern ergriff sie den schweren Türklopfer aus Messing und ließ ihn mit einem lauten, dumpfen Rums gegen die Tür fallen.

Schritte näherten sich von innen, und kurz darauf wurde die Tür von einer kleinen, dunkelhaarigen Frau in schwarzem Kleid mit blütenweißer, spitzeneingefaßter Schürze geöffnet. Es war die Haushälterin. »*Oui?*« sagte sie fragend, während Nykki an ihr vorbei durch die Tür flitzte und im Innern des gewaltigen Hauses verschwand.

»Nykki. Gehört er Ihnen?« fragte Elizabeth auf Französisch.

»Er gehört der Gräfin de Willenich«, erwiderte die Frau, ebenfalls auf Französisch. »Dies hier ist ihr Haus. Kann ich irgend etwas für Sie tun?«

Elizabeth wollte erklären, daß Nykki ihr gefolgt war und daß sie ihn zurückgebracht hatte, aber sie warf die Worte durcheinander, so daß der Satz völlig unverständlich herauskam. Die Haushälterin zog die Augenbrauen hoch.

»Jacqueline, wer ist denn da?« ertönte es von innen auf Französisch.

Elizabeth wurde nervös. »Der Hund«, rief sie auf Französisch zurück. »Er wollte bei mir bleiben.«

»Ich komme sofort«, sagte die Stimme. Kurz darauf kam eine schlanke alte Frau mit graziösen Bewegungen durch die Halle. »Guten Tag.« Sie trat auf Elizabeth zu und streckte ihr mit einem freundlichen Lächeln die Hand entgegen. »Ich bin die Gräfin de Willenich.«

»Ich heiße Elizabeth Wakefield. Ich mache Ferien in Cannes. Heute ich ich spazierengegangen, und ...«

»Und Nykki hat kurzerhand mit Ihnen Freundschaft geschlossen. Stimmt's?«

Elizabeth nickte. »Er ist zu niedlich. Und so zutraulich.«

Die Gräfin lachte. »Und einen guten Geschmack hat er außerdem, wenn er sich mit einer so netten jungen Dame anfreundet.« Sie war mühelos zu fließendem Englisch übergegangen.

»Vielen Dank, daß Sie mir meinen Hund zurückgebracht haben«, fuhr die Gräfin fort. »Ich hatte schon angefangen, mir seinetwegen Sorgen zu machen. Aber kommen Sie doch herein, meine Liebe, damit ich mich erkenntlich zeigen kann. Darf ich Ihnen etwas zu trinken anbieten? Vielleicht ein Glas Wein?«

»Das ist sehr nett von Ihnen, aber es ist wirklich nicht nötig.«

»Aber, meine Liebe, ich bestehe darauf. Ich würde

Ihnen gern zeigen, wie dankbar ich Ihnen bin. Nykki ist wie ein Baby für mich, seit meine zwei Kinder erwachsen sind und selbst Familie haben. Außerdem bin ich entzückt, Besuch aus dem Ausland zu haben.« Die Gräfin nahm Elizabeth am Arm und führte sie durch den langen Gang. »Sind Sie zum erstenmal in Frankreich?« fragte sie interessiert.

Elizabeth konnte nur nicken, denn sie war völlig überwältigt von dem Raum, den sie mit der Gräfin betrat. Er war groß und hell und mit antiken Möbeln ausgestattet. An der hinteren Wand hingen zwei Porträts. Eins davon schien die Gräfin in jüngeren Jahren darzustellen. Sie trug auf dem Bild ein elegantes schwarzes Abendkleid, und ein Diamantcollier schimmerte auf ihrer zarten Haut. Das andere Porträt zeigten einen gutaussehenden schwarzhaarigen Mann im Smoking.

»Mein Mann, der Graf de Willenich«, erklärte die Gräfin. Sie zeigte auf ein samtbezogenes Sofa gegenüber den Gemälden. »Machen Sie es sich doch hier bequem, Elizabeth. Ich werde Jacqueline bitten, daß sie uns Wein bringt. Möchten Sie lieber roten oder weißen?«

Verlegen setzte sich Elizabeth hin. Zu Hause in Sweet Valley trank sie so gut wie nie Wein. Manchmal erlaubten ihre Eltern ihr und Jessica ein Gläschen zum Abendessen, aber nur bei besonderen Gelegenheiten. Das letzte Mal war gewesen, als ihre Mutter einen bedeutenden neuen Kunden für ihr Innenarchitekturbüro gewonnen hatte.

Aber hier in Frankreich schien Wein zu trinken

genauso selbstverständlich zu sein wie Cola zu trinken zu Hause in Amerika. Selbst Kinder tranken schon Wein, allerdings mit Wasser verdünnt. »Ich richte mich ganz nach Ihnen«, antwortete Elizabeth der Gräfin. »Aber bitte nur ein halbes Glas.«

»Wir haben einen guten Roten von einem der hiesigen Weinberge«, meinte die Gräfin. »Jacqueline, würden Sie uns bitte etwas von dem *Château Marcelline* bringen?«

Jacqueline nickte von der Tür her.

Die Gräfin wandte sich wieder Elizabeth zu. »Haben Sie schon die Weinberge besichtigt?« fragte sie und setzte sich neben sie.

»Ich bin erst gestern hier angekommen«, erklärte Elizabeth. »Also hatte ich noch nicht die Möglichkeit, viel zu sehen, aber ich habe heute nachmittag schon im Festival Café Kaffee getrunken und in einem netten kleinen Restaurant in einer der Seitenstraßen gegessen.«

»Sie sind erst zwei Tage in Cannes und haben schon das Festival kennengelernt? Meine Liebe, ich finde, das ist ein guter Anfang!« Die Gräfin lächelte. »Es ist einer der interessantesten Treffpunkte.«

»Ich freue mich schon darauf, einige von den Sehenswürdigkeiten zu besichtigen«, bemerkte Elizabeth. »Ich habe gelesen, daß man vom Observatorium von Cannes einen großartigen Ausblick haben soll. Außerdem interessierte ich mich für das Castre-Museum.«

»O ja, die Aussicht vom Observatorium ist einmalig, und das Museum ist auch sehenswert, aber ich finde, ein junges Mädchen wie Sie müßte sich doch hauptsächlich für den Strand und die Clubs interessieren.« Die alte Frau beschrieb Elizabeth eingehend die verschiedenen Badestrände von Cannes und der näheren Umgebung und die besten Lokale, wo man sich nach Sonnenuntergang traf.

Elizabeth lehnte sich bequem im Sofa zurück und nahm das Glas Wein, das Jacqueline ihr brachte. Anscheinend sollte dies doch noch ein sehr angenehmer Nachmittag werden. René konnte getrost seine gemeinen Bemerkungen und gehässigen Blicke für sich behalten. Elizabeth hatte ihre erste Freundschaft in Cannes geschlossen. Und das ohne Renés Hilfe.

»Es hat mir unheimlichen Spaß gemacht, mich mit ihr zu unterhalten. Sie hat ein richtig jugendliches Wesen, wenn du verstehst, was ich meine«, erzählte Elizabeth. »Und weißt du was? Sie hat mich für morgen wieder eingeladen – zum Tee!«

»Und du gehst hin?« Jessica nahm sich eine dritte Portion von den grünen Bohnen mit der leckeren Zitronen-Butter-Soße und noch eine halbe Scheibe des zarten *Biftec au Poivre*, einem Steak mit groß zerstoßenem Pfeffer. Wenn Avery weiterhin solche unglaublichen Essen zauberte, sah sich Jessica schon aus dem Flugzeug rollen, wenn sie wieder in Sweet Valley ankam.

»Natürlich gehe ich hin. Warum auch nicht?« fragte Elizabeth. »Ehrlich gesagt, kann ich morgen nachmittag kaum noch erwarten.«

»Nimm es mir nicht übel, Liz, aber ich könnte mir

Aufregenderes vorstellen, als an einem sonnigen Nachmittag mit einer alten Frau drinnen zu sitzen und zu schwätzen.« Jessica schob sich eine großzügige Portion Bohnen in den Mund.

»Jessica Wakefield! Die Gräfin ist eine unglaublich interessante Frau! Ich freue mich schon darauf, mich wieder mit ihr zu unterhalten.«

»Die Gräfin ist außerdem eine der einflußreichsten Frauen in Frankreich«, warf Avery ein. »Es ist eine ausgesprochene Ehre, von ihr eingeladen zu werden. Ich habe gehört, daß sie sich sehr gern mit ausländischen Besuchern unterhält. Sie hat schon überall auf der Welt gelebt, und ich glaube, sie beherrscht vier oder fünf verschiedene Sprachen.«

»Sechs«, berichtigte Elizabeth. »Wenn man die Zeichensprache dazu zählt. Die Gräfin hat mir erzählt, daß die beste Freundin, die sie als junges Mädchen hatte, taub war. Also hat sie gelernt, sich mit ihr in Zeichensprache zu verständigen. Sie ist eine faszinierende Frau.«

Jessica zuckte mit den Schultern. »Mag ja sein, aber mir ist der Strandclub auf alle Fälle lieber. Weißt du, ich habe so viele Leute kennengelernt, daß ich schon gar nicht mehr weiß, wer wer ist.« Während des ganzen Essens hatten sie fast nur von Elizabeths Gräfin gesprochen. Jetzt war Jessica an der Reihe. Sie verzichtete allerdings darauf hinzuzufügen, daß die meisten Leute, die sie kennengelernt hatte, mit Marcs Eltern befreundet und ungefähr so interessant wie ein Nachmittag beim Zahnarzt waren. Aber sie fand, daß es nicht schaden konnte, wenn alle glaubten, daß sie einen aufregenden Tag verbracht hatte. Besonders

René sollte das glauben. Jessica würde ihm schon zeigen, daß sie absolut nicht auf seine Hilfe angewiesen war, um aus ihren Ferien das beste zu machen.

»Ist der Strand denn wirklich so schön, wie alle sagen?« fragte Elizabeth. Nachdem alle mit Essen fertig waren, half sie, das Geschirr zu stapeln und reichte es Avery, die es in die Küche brachte.

»Noch schöner. Ach, und was ich dir schon die ganze Zeit erzählen wollte, Liz: Die meisten Frauen gehen oben ohne. Kannst du dir das vorstellen? Man kann fast nahtlos braun werden! Keine weißen Stellen von irgendwelchen Trägern, die einen stören könnten.«

Am Strand hatte Jessica versucht, sich ganz gelassen zu geben, aber es hatte eine ganze Weile gedauert, bis sie sich endlich hatte überwinden können, sich den übrigen anzuschließen. »Andere Länder, andere Sitten«, hatte sie scherzhaft zu Marc gesagt, um ihre Verlegenheit zu überspielen, bevor sie schließlich ihr winziges Bikinioberteil abgenommen hatte. Dann hatte sie sich jedoch sofort bäuchlings auf ihr Badelaken geworfen.

»Tja, wißt ihr, wir Europäer haben eben ein viel lockereres Verhältnis zu unserem Körper als ihr Amerikaner«, bemerkte René gehässig, jetzt, nachdem seine Mutter den Raum verlassen hatte. Während des Essens hatte er sich ganz manierlich verhalten, und Jessica hatte den Eindruck, daß ihm seine Mutter unangenehme Folgen angekündigt hatte, falls er sich den Gästen gegenüber nicht etwas höflicher benahm. Doch kaum war Avery außer Hörweite, da wurden die Zwillinge wieder zur Zielscheibe seiner giftigen Bemerkungen.

Jessica spürte, wie die Wut in ihrem Bauch wuchs. »Nur zu deiner Information, René, bis jetzt hat noch niemand etwas an meiner Figur auszusetzen gehabt. Du bist der erste.«

»Das habe ich doch gar nicht gemeint«, protestierte René irritiert. »Ihr zwei seid wahre Meister darin, einem das Wort im Mund umzudrehen, nicht wahr?«

»Ich wußte gar nicht, daß ich etwas gesagt habe«, schaltete sich Elizabeth ein. »Aber du kannst mich gern berichtigen, wenn ich unrecht habe, René. Das wäre dir doch sicherlich ein besonderes Vergnügen, oder?«

»Zeig's ihm, Liz«, sagte Jessica. Ihre Zwillingsschwester verlor selten die Geduld, aber wenn es geschah, gab es immer einen triftigen Grund dafür. Jessica vermutete, daß dieser Widerling René ihrer Schwester gründlich den Nachmittag verdorben hatte. Ein Grund mehr für Jessica, um ihn an die Spitze ihrer Liste der zehn unleidlichsten Leute zu setzen.

René wandte sich mit funkelnden Augen an Elizabeth. »Verrate mir doch mal, Liz, was es für einen Unterschied macht, ob du etwas sagst oder Jessica.« Er wartete erst gar nicht auf eine Antwort. »Ihr zwei seid doch völlig gleich. Überhaupt sind alle amerikanischen Mädchen gleich.«

Jessica hätte laut losgelacht, wäre sie nicht so wütend gewesen. Auch wenn sie und Elizabeth einander wie Spiegelbilder glichen, war ihre Ähnlichkeit nur äußerlich. Das konnte jeder sehr schnell feststellen. Aber anscheinend konnte René nicht über seine Nasenspitze hinwegsehen, sobald es um Amerikaner ging. Das Gestichele hätte endlos weitergehen können, wenn nicht Avery mit einer köstlich aussehenden Apfeltorte und einer Schüssel *Crème fraîche*, einer himmlischen Kreuzung aus Schlagsahne und Sauerrahm, aus der Küche zurückgekehrt wäre.

Plötzlich war René wieder die Liebenswürdigkeit in Person. »Komm, Mutter, laß mich das machen.« Er nahm seiner Mutter die Dessertteller ab und teilte sie aus. »Nein, setz dich hin und laß mich die Torte anschneiden. Du hast den ganzen Tag gearbeitet, bist nach Hause gekommen und hast uns ein wunderbares Abendessen gemacht. Jetzt sollst du dich erstmal ausruhen.«

Jessica hatte nicht vor, sich von René in den Schatten stellen zu lassen. »Ja, Avery, das Essen war wirklich ausgezeichnet. Die französische Küche verdient tatsächlich ihren guten Ruf. Ich bin froh, zu Gast in Ihrem Haus zu sein.«

»Oh, vielen Dank, Jessica. Das ist wirklich nett von dir.«

Jessica lächelte Avery Glize bescheiden an. Dann fing sie Renés Blick auf und strahlte ihn mit ihrem falschesten Zahnpastagrinsen an. In dem Spiel war sie nicht zu schlagen. Aber sobald sich Renés Mutter abwandte, um Kuchengabeln aus dem Schrank hinter sich zu holen, wich Jessicas Grinsen einer finsteren Miene. René war ihr Feind. Und sie wollte ihm unmißverständlich zeigen, daß sie ihn mindestens genauso verabscheute wie er sie.

7 Die Gräfin de Willenich öffnete selbst die Tür. »Ah, Elizabeth, wie nett, Sie wiederzusehen! Kommen Sie nur herein!« Sie küßte sie auf beide Wangen.

Elizabeth folgte ihr durch den langen Gang, der ihr jetzt schon vertraut war, und ihre Absätze klapperten auf den spiegelblanken Keramikfliesen. Als sie an der Treppe vorbeiging, die ins nächste Geschoß führte, ertönte ein Bellen, und ein haariges Etwas kam die Treppe hinabgesaust. Elizabeth ging in die Hocke, um Nykki zu begrüßen, und er sprang so stürmisch an ihr hoch, daß sie beinah das Gleichgewicht verloren hätte. Er stellte sich auf die Hinterläufe und fuhr ihr mit seiner nassen Zunge über die Nase.

»Hallo, kleiner Freund!« sagte Elizabeth erfreut. »Ja, ich freue mich auch, dich wiederzusehen.« Sie tätschelte ihm den Kopf. »Gräfin, Sie haben ein wirklich süßes Hündchen.«

»Das finde ich auch, aber ich fürchte, ich muß ihm bald ein paar Manieren beibringen. Bald wird er doppelt so groß sein. Können Sie sich vorstellen, wie kräftig er dann sein wird?« Die Gräfin gab Nykki einen liebevollen Klaps und führte Elizabeth dann in denselben Raum, in dem sie sich am Tag zuvor mit ihr unterhalten hatte.

Dort auf dem Sofa saß ein junger Mann mit hellbraunem Haar, großen, weit auseinanderstehenden Augen und markanten Gesichtszügen. Als Elizabeth und die Gräfin hereinkamen, stand er auf. Er war groß und gut gebaut, und seine weiße Tenniskleidung betonte seine gesunde Sonnenbräune. Er lächelte breit.

»Oh, Jean-Claude, ich wußte ja gar nicht, daß du zu Hause bist«, sagte die Gräfin überrascht. »Elizabeth, das ist mein Enkel, Jean-Claude de Willenich. Er ist für ein paar Wochen bei mir zu Besuch. Jean-Claude, das ist Elizabeth Wakefield.« Die Gräfin sprach Französisch mit ihm. »Sie ist die junge Amerikanerin, die mir gestern Nykki zurückgebracht hat. Ich habe sie zum Tee eingeladen. Wenn du möchtest, kannst du gern eine Tasse mittrinken.«

»Bonjour, Jean-Claude. Nett, dich kennenzulernen«, sagte Elizabeth.

»Bonjour, Elizabeth«, antwortete Jean-Claude. Er trat vor und schüttelte Elizabeth die Hand. »Enchanté. Ich freue mich, deine Bekanntschaft zu machen.« Er hatte auf Englisch weitergesprochen, aber die Worte klangen mühsam, als bereitete ihm jede einzelne Silbe Schwierigkeiten.

»Ich fürchte, viel mehr kann Jean-Claude auf Englisch nicht sagen«, erklärte die Gräfin.

»Stimmt. Mein Vater wollte mich unbedingt Englisch lernen lassen, für den Fall, daß er und Mutter ausländische Diplomaten zu Gast haben oder so«, bemerkte Jean-Claude, jetzt wieder auf Französisch, mit einem Schulterzucken. »Dabei spreche ich viel lieber mit hübschen blonden Amerikanerinnen.« Seine Augen blitzten.

»Das bedeutet wohl, daß du mit uns Tee trinken wirst«, stellte die Gräfin fest.

»Ja, gern, wenn es Elizabeth nichts ausmacht, Französisch zu sprechen.«

»Überhaupt nicht«, erwiderte Elizabeth auf Französisch. »Ich bin sogar froh, daß ich eine Gelegenheit dazu habe. Schließlich ist das einer der Gründe, weshalb ich nach Cannes gekommen bin.« Sie versuchte, die Sätze so einfach wie möglich zu bilden, aber trotzdem stellte sie erfreut fest, daß ihr das Sprechen immer leichter fiel.

Am Abend zuvor hatte Elizabeth sich einen Film im Fernsehen angesehen und dabei in zwei Stunden mehr gelernt als in zwei Monaten Französischunterricht zu Hause in Sweet Valley. Tatsächlich hatten ihr die Werbefilme an meisten gebracht. Sie waren viel leichter zu verstehen als die anderen Sendungen und wurden in Blocks von einer halben oder einer Viertelstunde zwischen den Programmen gezeigt, so daß die anderen Sendungen nicht unterbrochen wurden. Elizabeth fand dieses System sinnvoller als das amerikanische.

Beim Frühstück hatte Elizabeth eine französische Tageszeitung gelesen, während sie ihren Morgenkaffee trank und dazu ihr Croissant aß. Zwar waren ihr viele Worte fremd gewesen, aber sie hatte bei den meisten Artikeln zumindest den Sinn verstanden.

Ihre Sätze klangen schon viel flüssiger als noch vor zwei Tagen. Jean-Claude wollte wissen, ob auch alles stimmte, was er über Kalifornien gehört hatte, und Elizabeth versuchte, Dichtung und Wahrheit für ihn auseinanderzusortieren.

»Gibt es bei euch wirklich in jedem Haus Whirl-pools?« wollte er wissen. »Und Frauen, die mit einem dort hineingehen? Ich glaube, das könnte mir gefallen. Und was ist mit den Filmstars und den bekannten Rockmusikern? Ein Freund von mir hat erzählt, daß man nur in die eleganten Clubs oder Restaurants zu gehen braucht, um solche Leute aus nächster Nähe sehen zu können.«

»Was wird denn noch alles über uns erzählt?« Elizabeth grinste. »Demnächst wird es noch heißen, daß wir Kalifornier spitz zulaufende Ohren und eine grüne Haut haben!« Oder Schlimmeres, fügte sie im Stillen hinzu, als ihr für einen unerfreulichen Moment René wieder einfiel.

Aber sie hatte keine Lust, ihre Zeit zu verschwenden, indem sie sich über diesen Jungen ärgerte, wenn sie gerade jemanden kennengelernt hatte, der offen und freundlich zu ihr war. Sie verdrängte den Gedanken an René und wandte ihre Aufmerksamkeit wieder Jean-Claude zu.

»Um auf deine Frage zurückzukommen — ich kenne eigentlich nur ein Mädchen an meiner Schule, Lillian Fowler, das zu Hause einen Whirl-pool hat. Allerdings gibt es noch einen Jungen an der Schule, Bruce Patman, dessen Eltern erst vor kurzem eine schwedische Sauna neben ihrem Swimming-pool haben installieren lassen.« Elizabeth erzählte Jean-Claude und der Gräfin von Bruce' letzter Pool-Party, wo sie erst in der Sauna geschwitzt hatten, um dann unter sternenklarem Himmel ins kalte Wasser zu springen. »Ich glaube, das ist eine ganz typische

Party für Kalifornien. Was die Schauspieler und Musiker angeht, trifft man die meisten in Los Angeles. Ich bin einmal dort gewesen und habe auch tatsächlich ein paar berühmte Leute gesehen, als wir in einen dieser brandheißen Clubs gegangen sind. Es war irre! Wir haben praktisch Seite an Seite mit ihnen getanzt.«

»Mit anderen Worten, es stimmt alles, was man über Kalifornien sagt. Man muß nur wissen, wo man hingehen muß«, stellte Jean-Claude fest.

»Ich denke, so kann man es sehen«, antwortete Elizabeth. »Ähnlich ist es mit den Vorstellungen, die wir dort drüben von Frankreich haben. Ich habe wahrscheinlich erwartet, scharenweise alte Männer in Baskenmützen herumlaufen zu sehen oder an jeder Straßenecke einen Maler mit seiner Staffelei. Natürlich sieht man solche Leute, aber die meisten Menschen sind doch eher – na ja ...«

»Ganz normale Männer und Frauen?« Jean-Claude lachte.

»Genau. Allerdings gibt es schon gewisse Unterschiede. Die Schuhe, zum Beispiel, und die Art der Franzosen, sich zu kleiden. Sie haben einen ganz anderen Stil als wir. Die Mädchen tragen hier alle hochhackige Schuhe zu engen Jeans und langen, weiten Pullis. Und Glitzerschals.« Elizabeth dachte an all die Sachen, die Jessica kaufen wollte, sobald sie gesehen hatte, was die französischen Mädchen trugen.

»Und du und deine Freundinnen zieht lieber Levis und Sweatshirts an?« fragte Jean-Claude. »Aber wie dumm von mir, so etwas zu fragen. Du bist so hübsch angezogen.«

»Oh, vielen Dank«, erwiderte Elizabeth. So besonders hübsch fand sie ihr leicht verwaschenes blaues Sommerkleid zwar nicht, aber trotzdem freute sie sich über Jean-Claudes Kompliment. »Wir tragen wirklich am liebsten Sportkleidung, aber selbst wenn wir uns anders anziehen, ist es ein Unterschied zu dem, was ich hier sehe. Obwohl es sehr schwer ist, diesen Unterschied zu beschreiben.«

»Ja, das stimmt«, bestätigte die Gräfin. »Wenn man so viel in der Welt herumgekommen ist wie ich, kann man leicht vom Äußeren eines Menschen auf seine Nationalität schließen.«

»Gräfin, es muß doch wundervoll sein, so viel von der Welt gesehen zu haben! Es gibt so viele Orte, die ich gern besuchen würde!« Elizabeth nahm sich ein Stück Gebäck, nachdem ihr die Gräfin eine Tasse von dem aromatischen Johannisbeertee eingeschenkt hatte. »Obwohl ich im Moment mit Cannes sehr zufrieden bin!«

»Elizabeth, das bringt mich auf eine Idee«, sagte Jean-Claude. »Hättest du Lust, dir von mir die Stadt zeigen zu lassen? Ich bin seit meiner Kindheit jeden Sommer hier, und es macht mir Spaß, anderen Leuten die Sehenswürdigkeiten zu zeigen. Besonders Leuten wie dir.« Er zwinkerte ihr zu.

Elizabeth lachte. Jessica hätte Jean-Claude sicherlich als Charmeur bezeichnet. Für Elizabeths Geschmack war er vielleicht ein bißchen zu selbstbewußt, aber er sah gut aus, war nett und ohne Zweifel traumhaft reich. Das letztere war ihr nicht sonderlich wichtig, aber sie konnte Jessica förmlich hören, wie sie sie drängte, eine Verabredung mit einem solchen Jungen auf gar keinen Fall auszuschlagen.

»Ja, ich würde mir sehr gern von dir die Stadt zeigen lassen, Jean-Claude.«

»Wunderbar.« Die Gräfin klatschte in die Hände. »Laßt euch nicht aufhalten, ihr zwei.«

»Aber, Gräfin, ich bin hergekommen, um Sie zu besuchen«, sagte Elizabeth. Irgendwie war es ihr unangenehm, sich jetzt schon von der alten Frau zu verabschieden, um mit jemandem fortzugehen, den sie gerade erst kennengelernt hatte. »Jean-Claude und ich können doch genauso gut hierbleiben und den Nachmittag mit Ihnen verbringen. Die Stadt können wir uns morgen immer noch ansehen.« Ja, das schien eine gute Lösung zu sein.

»Nichts da. Geht ihr zwei ruhig.«

Jean-Claude hatte anscheinend auch Bedenken. »Ist es dir auch bestimmt nicht lieber, wenn wir hierbleiben, Großmutter?«

»Ganz bestimmt nicht. Wenn ich Elizabeth für mich allein hätte haben wollen, hätte ich sie dir gar nicht erst vorgestellt«, erwiderte die Gräfin. Sie sah von ihrem Enkel zu Elizabeth und dann wieder zu ihrem Enkel. »Übrigens habe ich das Gefühl, daß ich unsere nette Besucherin des öfteren sehen werde.« Sie lehnte sich in ihrem Sessel zurück und machte ein sehr zufriedenes Gesicht.

Aha, sie hat das Ganze also geplant, dachte Elizabeth. Sie hatte also nur so getan, als wüßte sie nicht, daß Jean-Claude zu Hause war. In Wirklichkeit hatte sie wahrscheinlich diese »zufällige« Begegnung schon im Kopf gehabt, als sie Elizabeth zum Tee einlud! Aber Elizabeth hatte sich jemanden gewünscht, der ihr die Stadt zeigen würde, und nun hatte sie anscheinend diesen Jemand gefunden.

Als der Nachmittag vorüber war, hielt Jean-Claude vor dem Haus der Glizes. »Hier ist es, nicht wahr? Ich war letzten Sommer einmal hier, als René eine Party gegeben hatte.«

Sobald Renés Name fiel, stieg in Elizabeth wieder Wut auf, aber sie versuchte, sich nichts davon anmerken zu lassen. Es gab keinen Grund, Jean-Claude in ihren Kleinkrieg mit René hereinzuziehen. »Ja, hier ist es«, antwortete sie, nach außen hin ganz ruhig.

Jean-Claude parkte den Citroen am Straßenrand.

»Vielen Dank, Jean-Claude. Es war ein wirklich schöner Nachmittag.« Elizabeth legte sich den Trageriemen ihrer Handtasche über die Schulter.

»Mir hat es auch Spaß gemacht.«

»Die Aussicht vom Observatorium war einfach großartig.«

»Und vergiß das Boules-Spiel nicht.«

Boules war ein ähnlicher Sport wie das amerikanische Rasen-Bowling. Dabei kam es darauf an, Metallkugeln von der Größe einer Grapefruit auf eine kleinere Kugel zuzuwerfen und dieser kleineren Kugel dabei so nahe wie möglich zu kommen. Elizabeth hatte eine Gruppe älterer Männer entdeckt, die dieses Spiel spielten. Sie hatte Jean-Claude darauf aufmerksam gemacht, und er hatte darauf bestanden, ihr alle Feinheiten dieses nationalen Zeitvertreibs zu erklären. Er hatte sogar die Männer gebeten, Elizabeth ein paar Würfe zu erlauben.

»Ja, Boules hat wirklich Spaß gemacht«, gab Elizabeth zu. »Aber wenn ich diese größeren Kugeln noch weiter von der kleineren weggeworfen hätte, wären sie glatt aus dem Spielfeld gerollt. Ich sollte lieber bei Tennis bleiben.«

»Du spielst Tennis? Wie schön. Vielleicht können wir morgen zusammen spielen«, schlug Jean-Claude vor. »Oder würdest du lieber an den Strand gehen? Ein Freund von mir wollte morgen im Laufe des Tages mit seinem Motorboot dort sein, also könnten wir Wasserski laufen, wenn du magst. Ich meine, wenn du überhaupt Lust hast, etwas mit mir zu unternehmen«, fügte er mit einem kleinen Lachen hinzu.

Elizabeth hatte nicht den Eindruck, daß Jean-Claude ernsthaft befürchtete, sie könnte ablehnen. In dieser Hinsicht war er ganz wie Jessica. Sie waren beide von einem so unerschütterlichen Selbstvertrauen, daß sich Elizabeth im Vergleich dazu richtig schüchtern vorkam.

Allerdings hatte Jean-Claude auch jeden Grund für sein Selbstvertrauen. Elizabeth fand ihn intelligent und angenehm im Umgang. Darüber hinaus sah er sehr gut aus und stammte aus einer der besten Familien in ganz Frankreich, so daß seine Selbstsicherheit nicht verwunderlich war. Aber er war auch der einzige Freund, den Elizabeth in Cannes hatte, und sie war sehr dankbar für seine Einladung.

»Was wollen wir also machen? Tennis spielen oder an den Strand gehen?« fragte er noch einmal.

»Also, bis jetzt bin ich noch keinmal im Mittelmeer geschwommen«, sagte Elizabeth.

»Dagegen müssen wir unbedingt etwas tun«, erwiderte Jean-Claude und lächelte.

»Super. Ich hatte schon Angst, ich würde während meiner ganzen Ferien in Cannes kein einziges Mal zum Schwimmen kommen.«

»Na ja, ich kann verstehen, warum René nicht mit dir schwimmen gehen will«, meinte Jean-Claude.

»Was weißt du denn darüber?« platzte Elizabeth heraus, bevor sie sich bremsen konnte.

Jean-Claude sah sie verwundert an. »Hat dir René denn nichts davon erzählt?«

»Wovon denn?« Elizabeth versuchte, sich zusammenzunehmen. Sie sah nicht ein, daß René sie selbst dann beschäftigte, wenn er nicht einmal in der Nähe war.

Jean-Claudes fröhlicher Gesichtsausdruck war mit einemmal verschwunden, und er sah ganz bedrückt aus. »Es ist eine sehr traurige Geschichte. Daß du noch nichts davon gehört hast, überrascht mich. Ganz Cannes hat davon gesprochen, als es passierte.«

»Als was passierte?«

»Ein Unfall vor einigen Jahren. Dabei ist Renés bester Freund ums Leben gekommen.« Jean-Claude schüttelte den Kopf.

»O nein! Was ist denn passiert?« fragte Elizabeth, obwohl sie sich vor der Antwort beinah fürchtete.

»Sie waren zusammen hinausgeschwommen. René war ein ganzes Stück voraus. Er ist ein sehr guter Schwimmer, das heißt, er war mal einer ... Er gehörte zu den besten seiner Schulmannschaft, und im Sommer hat er als Rettungsschwimmer gearbeitet. René war also ein ganzes Stück voraus und ist die meiste Zeit getaucht. Sein Freund muß einen Krampf bekommen haben, und als René einmal hochkam, um sich nach ihm umzusehen, schrie sein Freund um Hilfe. René hat später gesagt, daß er nicht wußte, wie lange sein Freund schon gerufen hatte. Er hatte natürlich erst dann etwas gehört, als er wieder an die Oberfläche gekommen war.«

Jean-Claude holte tief Luft. »Als er dann bei seinem Freund angelangt war, war der Junge schon untergegangen. René ist ein paarmal nach ihm getaucht. Erst beim dritten Mal hat er ihn entdeckt, aber er mußte wieder auftauchen, um Luft zu holen. Als er wieder nach ihm tauchte, war sein Freund nicht mehr zu sehen. Es wurde eine Suchmannschaft ausgeschickt, aber jede Hilfe kam zu spät.«

»O nein.« Elizabeth schlug die Hände vors Gesicht.

»René mußte mit ansehen, wie man seinen Freund aus dem Wasser zog«, fuhr Jean-Claude fort. »Seit diesem Tag ist er nicht mehr im Meer gewesen.«

»Armer René.« Auch wenn Elizabeth so wütend auf René war, tat er ihr jetzt unheimlich leid. Was für ein grauenvolles Erlebnis mußte das für ihn gewesen sein! Sie bedauerte von ganzem Herzen, daß sie ihn am Vortag gebeten hatte, mit ihr zum Strand zu gehen. Auch wenn sie sein sonstiges Benehmen immer noch nicht entschuldigen konnte, fand sie es verständlich, daß er in diesem besonderen Fall so aufgebraust war. Wahrscheinlich fühlte er sich für den Tod seines Freundes verantwortlich. Und etwas Schlimmeres konnte sich Elizabeth nicht vorstellen.

Sie wußte nicht, welches Gefühl stärker war – ihr Mitgefühl für René oder ihre Ablehnung wegen seiner Grobheit. Ganz ähnlich war es ihr gegangen, als Renés Freunde ihren Verdacht hinsichtlich Renés Vater bestätigt hatten. Einerseits hatte sie das Bedürfnis, mit René zu sprechen, ihm zu sagen, daß sie ihn verstehen konnte, andererseits riet ihr ihre Vernunft, sich nicht weiter um ihn zu bemühen, weil es einfach hoffnungslos war. Elizabeth seufzte. Warum mußte alles nur so schrecklich kompliziert sein?

»Elizabeth? Fühlst du dich nicht wohl?« unterbrach Jean-Claude ihre Grübelei.

»Doch, doch. Es tut mir leid. Aber ich glaube, diese Geschichte hat mich etwas mitgenommen. Wie grauenvoll.« Sie schüttelte den Kopf, daß ihr blonder Pferdeschwanz hin und her wippte.

»Es war wirklich grauenvoll. Aber es ist schon lange her.« Jean-Claude schaltete das Autoradio ein, um die düstere Stimmung zu vertreiben. »Also, soll ich dich morgen um halb eins hier abholen?«

Elizabeth zwang sich zu einem Lächeln. »Das fände ich prima. Und noch mal vielen Dank für den schönen Nachmittag.«

Jean-Claude beugte sich vor und gab Elizabeth einen Kuß auf die eine, dann auf die andere Wange. »Dann bis morgen. Und nimm es nicht so tragisch,

Elizabeth. Man kann nichts mehr daran ändern.« Er streichelte ihr die Hand.

Elizabeth stieg aus und winkte Jean-Claude nach, als er abfuhr. Aber sie konnte die Vorstellung nicht loswerden, wie René kämpfte, um seinem Freund das Leben zu retten, oder den Ausdruck in seinen grünen Augen, als man seinen Freund aus dem Wasser zog.

Elizabeth mußte an ihre eigene beste Freundin, Enid Rollins, denken. Wie schrecklich war es gewesen, als Enid nach der Bruchlandung in dem kleinen Flugzeug ihres Freundes in Lebensgefahr gewesen war.*

Elizabeth konnte sich nicht vorstellen, wie ihr zumute gewesen wäre, wenn Enid gestorben wäre. Aber zum Glück war ihre Freundin zu Hause in Sweet Valley in Sicherheit. Elizabeth seufzte erleichtert, aber sie kreuzte die Finger, um auch ganz sicher zu gehen.

Tatsächlich war Enid in Sicherheit. Trotzdem machte sie sich große Sorgen, und zwar um Cara Walker. Als Enid Casey's Eisdiele betrat, sah sie Cara allein dasitzen und lustlos in einem Eisbecher herumstochern. Cara hatte dunkle Ringe unter ihren großen braunen Augen, und sie sah aus, als hätte sie gerade geweint. Blaß und niedergeschlagen saß sie mit hängenden Schultern an der Theke.

»Cara?« Enid ging zu ihr und setzte sich auf den Hocker neben ihr.

* Vgl. Sweet Love Band 56020 »Bruchlandung in Sachen Liebe«

»Enid. Hallo.« Caras Stimme war ganz tonlos. »Möchtest du das hier weiteressen? Ich hatte gedacht, ich sollte mal etwas essen, aber ich glaube, ich habe doch keinen Hunger. Es ist ein Vanille-Mandel-Becher«, fügte sie hinzu, wobei sie ein klägliches Lächeln versuchte.

»Nein, danke. Ich bin nur hereingekommen, um schnell etwas zu trinken, bevor ich zu meinem Babysitter-Job gehe. Aber warum ißt du das Eis denn nicht selbst? Cara, was ist eigentlich los mit dir?«

»Ach, mach dir meinetwegen keine Gedanken, Enid. Mir geht's gut. Ehrlich. Laß dich von mir bloß nicht aufhalten. Ich möchte nicht, daß du meinetwegen zu spät kommst.«

»Ich habe noch Zeit genug. Ich brauche erst in zwanzig Minuten dort zu sein.« Enid legte Cara die Hand auf die Schulter. »Du siehst aus, als könntest du eine Aussprache gebrauchen.«

Cara rührte mit dem Plastiklöffel in ihrem Eisbecher herum. »Ich glaube, du hast recht.«

»Es ist wegen Steven, stimmt's?« fragte Enid behutsam. Sie und Cara hatten zwar schon öfter Reibereien gehabt, aber in letzter Zeit hatte sich Cara sehr geändert. Außerdem war Enid sowieso der Meinung, daß man einen Menschen, der Hilfe braucht, nicht im Stich lassen sollte.

»Woher weißt du das?« Cara strich sich eine Strähne ihres dunkelbraunen Haars aus dem Gesicht und rieb sich die Augen.

»Ich habe ihn gestern am Strand gesehen.«

»Und sie war bei ihm?«

Enid nickte. »So, wie sie aussieht – also, es muß für alle Beteiligten ganz schön schwer sein.«

Cara nickte und schluckte ein paarmal. »Seit sie angekommen ist, hat er sie nicht eine Sekunde aus den Augen gelassen. Und er hat sich nicht ein einziges Mal gemeldet, auch wenn ich dauernd versuche, ihn anzurufen. So verrückt ist er nach diesem Mädchen.« Eine Träne rollte ihr über die Wange. »Enid, ich finde das alles so ungerecht. Gerade jetzt, wo wir uns so gut verstanden haben.«

»Was willst du denn jetzt tun?« fragte Enid.

»Tun? Überhaupt nichts. Es gibt nichts, was ich tun könnte.« Cara schüttelte den Kopf und machte ein völlig verzweifeltes Gesicht.

»Du könntest kämpfen, Cara.« Enids Worte klangen zwar sanft, aber sie waren sehr ernst gemeint.

»Ich fürchte, kämpfen hat keinen Sinn, Enid«, erwiderte Cara. Sie biß sich auf die Lippe. »Gegen eine Tote kann man nicht ankämpfen.«

»Du brauchst ja auch nicht gegen eine Tote anzukämpfen. Das ist es ja gerade«, meinte Enid. »Deine Widersacherin ist ja gar nicht Tricia. Sie sieht nur so aus wie sie. Und genau das mußt du Steven klarmachen. Du mußt ihm bewußt machen, daß er Ferney nur benutzt, um an einer Erinnerung festhalten zu können.«

»Aber er hat ein Recht auf seine Erinnerungen.«

»Ja, das stimmt, aber mit Erinnerungen kann man nicht ausgehen, zum Beispiel.«

Cara stieß ein bitteres Lachen aus. »Versuch mal, Steven das klarzumachen. Du weißt doch, wie schwer er es hatte, nachdem Tricia gestorben war.

Wie lange hat er dazu gebraucht, sich ohne Schuldgefühle mit anderen Mädchen zu verabreden. Obwohl er wußte, daß Tricia es auch so gewollt hätte, hat er immer geglaubt, etwas Unrechtes zu tun.«

Nervös spielte Cara mit einer Haarsträhne und wickelte sie sich um den Zeigefinger. »Aber, weißt du, Enid, ich hatte geglaubt, er wäre endlich darüber hinweg. Ich hatte geglaubt, er wäre wieder bereit, sich zu verlieben. Das war wohl ein Fehler von mir.«

»Das glaube ich nicht. Cara, du darfst nicht einfach aufgeben.«

»Enid, ich finde es wirklich lieb von dir, daß du versuchst, mir zu helfen. Das bedeutet mir sehr viel, aber das einzige, was ich jetzt noch tun kann, ist zu versuchen, Steven endgültig zu vergessen. Übrigens solltest du jetzt lieber gehen, sonst kommst du zu spät.«

Enid sah auf ihre Uhr. »Du hast recht. Aber bist du sicher, daß du zurechtkommst?«

»Keine Sorge.« Cara nickte, aber man konnte deutlich sehen, daß sie mit den Tränen kämpfte.

»Also, wenn du dich mal mit jemandem aussprechen willst, brauchst du mich nur anzurufen«, bot Enid an und stand auf.

»Ja, vielen Dank, Enid.«

»Keine Ursache.« Enid strich ihr über den Rücken und ging ans andere Ende der Theke, um sich eine Limo zu bestellen. Als sie hinausging, sah sie noch einmal zu Cara zurück. Cara ließ den Kopf hängen, ihr Haar fiel ihr ins Gesicht, und sie stocherte immer noch mit ihrem Löffel in dem Eisbecher herum.

8 »Ich kann gar nicht abwarten, bis Jean-Claude mich zum Schwimmen abholt«, sagte Elizabeth. »Ist das nicht toll, Jessie? Jetzt haben wir uns beide hier mit jemandem angefreundet.«

»Ja, irre«, entgegnete Jessica nur mäßig begeistert. Sie standen auf dem Balkon vor ihrem Zimmer, und Jessica starrte aufs Wasser, ohne es wirklich zu sehen. Sie konnte es immer noch nicht fassen. Elizabeth hatte einen unglaublich gutaussehenden, reichen, adligen jungen Mann kennengelernt, während sie selbst mit dem bescheuerten kleinen Marc herumhängen mußte.

»Besonders begeistert scheinst du ja nicht zu sein«, stellte Elizabeth fest und runzelte die Stirn. »Ist irgendwas nicht in Ordnung, Jessie?«

»Wieso? Was sollte nicht in Ordnung sein?«

»Ich habe keine Ahnung. Das mußt du mir schon erzählen.«

»Ach, Liz, es ist gar nichts.« Jessica wich dem forschenden Blick ihrer Schwester aus. »Wahrscheinlich muß ich immer noch daran denken, was du mir von René und seinem ertrunkenen Freund erzählt hast«, schwindelte sie.

In Wirklichkeit war ihr das Ganze piepegal. René verdiente nicht ein Fünkchen ihres Mitgefühls. Aber was sie wirklich beschäftigte, konnte sie Elizabeth schlecht erzählen. Was hätte sie ihr auch sagen sollen? Daß sie fand, sie, Jessica, hätte es sein müssen, die sich einen reichen, bekannten, gutaussehenden Typ angelte? Immerhin scherte sich Elizabeth nicht im geringsten um solche Dinge wie Geld und Titel, und sie hatte selbst gesagt, daß sie an keiner neuen Beziehung interessiert war, weil sie ja Jeffrey hatte. Jean-Claudes Vorzüge waren an Elizabeth also gewissermaßen verschwendet.

»Genau, diese Geschichte mit dem Ertrinken hat mich auch total umgeworfen.« Elizabeth schüttelte den Kopf. »René tut mir wirklich leid, auch wenn er nicht gerade der höflichste Gastgeber ist, den man sich vorstellen kann.« Sie hielt inne. »Aber jetzt sieht es ja so aus, als könnte ich mit Jean-Claude einiges unternehmen, also braucht sich René nicht um mich zu kümmern. Vielleicht können wir mal zusammen schwimmen gehen – du mit Marc und ich mit Jean-Claude«, fuhr Elizabeth etwas fröhlicher fort. »Ich möchte gern, daß du ihn kennenlernst.«

Das heiterte Jessica etwas auf. »Ja, das fände ich auch gut. Ich würde ihn auch gern kennenlernen.« Ich sterbe schon fast vor Neugier, fügte sie im Stillen hinzu.

»Ich glaube, ihr würdet euch gut verstehen«, fuhr Elizabeth fort. »Das habe ich schon gestern die ganze Zeit gedacht, als wir zusammen in der Stadt waren.«

»Ehrlich?« Jessica bemühte sich, sich nichts anmerken zu lassen, aber Jean-Claude interessierte sie von Minute zu Minute mehr. »Ja, äh, hast du ihm denn von mir erzählt?« Sie setzte sich auf die Balkonbrüstung.

»Ich habe ihm erzählt, daß ich zusammen mit meiner Schwester hier bin. Leider bin ich nicht auf das Wort für Zwilling gekommen.«

»*Jumelle*«, half ihr Jessica ein wenig selbstzufrieden aus. »Für einen Jungen *jumeau*.« Das hatte es noch nie gegeben – daß Jessica Elizabeth mit einer Vokabel aushalf.

Elizabeth schien angenehm überrascht zu sein. »Heh, wo hast du denn das gelernt?«

»Ach, bei Marc, nehme ich an. Weißt du, ich hole langsam, aber sicher auf. Gestern Nacht habe ich sogar zum Teil auf Französisch geträumt. Aber wo waren wir stehengeblieben?« Jessica wollte lieber von Jean-Claude sprechen als Erklärungen wegen ihrer neuen Vokabelkenntnisse abgeben. »Ach ja, bei deinem neuen Freund. Vielleicht kann ich ihn ja heute schon kennenlernen. Um wieviel Uhr wollte er denn kommen?«

»Um halb eins. Aber, Jessie, ich dachte, du wolltest heute um halb elf mit Marc an den Strand gehen.«

»Ich kann meine Pläne jederzeit ändern.«

»Aber dann wäre Marc doch bestimmt enttäuscht«, hielt Elizabeth ihr vor. »Mach das bitte nicht, Jessica. Du kannst Jean-Claude genauso gut ein andermal kennenlernen.«

»Und wann?«

Elizabeth sah Jessica seltsam an. »Wozu die Eile, Jessie? Ich dachte, Marc würde dich mit allen möglichen interessanten Leuten bekanntmachen.«

Jessica konnte Elizabeths durchdringenden Blick förmlich spüren. Sie sah in die Ferne, wo die Jachten in der Bucht von Cannes schaukelten, um dem Blick ihrer Zwillingsschwester auszuweichen. »Ja, das stimmt natürlich«, erwiderte sie.

»Wieso solltest du also deine Verabredung mit ihm absagen?« wollte Elizabeth wissen.

Jessica hatte ihre Geschichten von Marc und seinem Strand-Club so fantasievoll ausgeschmückt, daß sie jetzt keinen Rückzieher machen konnte. »Na gut, dann lerne ich deinen sagenhaften Typ eben ein andermal kennen«, sagte sie resigniert. »Du, Liz, ich muß jetzt losgehen, wenn ich nicht zu spät kommen will.«

»Viel Spaß«, wünschte Elizabeth ihr.

»Danke.« Jessica ging hinein, packte ihre Schwimmsachen und verließ eilig das Haus. Natürlich wird es mir Spaß machen, mich von Marc nerven zu lassen, während du mit deinem Traummann unterwegs bist, dachte Jessica voller Selbstmitleid. Wie hatte es nur dazu kommen können? Elizabeth gab sich nicht die geringste Mühe, interessante Jungen kennenzulernen, und doch war sie diejenige gewesen, die sich einen Typ wie Jean-Claude geangelt hatte. Es war einfach ungerecht. Jessica wollte auch auf ihre Kosten kommen. Und irgendwie würde sie es schon schaffen, daß sie nicht zu kurz kam.

Elizabeth zog sich ihren blau-grünen Bikini an und darüber Shorts und ein übergroßes T-Shirt. Sie faltete

Nun gibt es wieder sechs neue Taschenbücher — extra für Euch!
Sweet Love — Romane um die erste Liebe

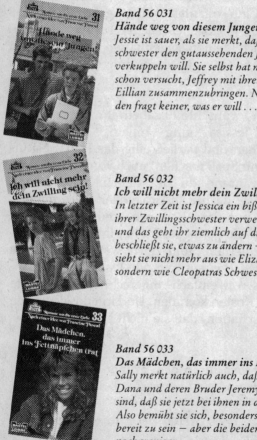

Band 56 031
Hände weg von diesem Jungen!
Jessie ist sauer, als sie merkt, daß ihre Zwillings-schwester den gutaussehenden Jeffrey mit Enid verkuppeln will. Sie selbst hat nämlich auch schon versucht, Jeffrey mit ihrer Freundin Eillian zusammenzubringen. Nur Jeffrey, den fragt keiner, was er will . . .

Band 56 032
Ich will nicht mehr dein Zwilling sein!
In letzter Zeit ist Jessica ein bißchen zu oft mit ihrer Zwillingsschwester verwechselt worden, und das geht ihr ziemlich auf die Nerven. Also beschließt sie, etwas zu ändern — und schon bald sieht sie nicht mehr aus wie Elizabeths Zwilling, sondern wie Cleopatras Schwester!

Band 56 033
Das Mädchen, das immer ins Fettnäpfchen trat
Sally merkt natürlich auch, daß ihre Kusine Dana und deren Bruder Jeremy nicht begeistert sind, daß sie jetzt bei ihnen in der Familie lebt. Also bemüht sie sich, besonders nett und hilfs-bereit zu sein — aber die beiden mögen sie jetzt noch weniger . . .

Band 56 034
Vorsicht – ein Junge mit festen Absichten!
Diane und Pete haben sich verlobt, und Jessie findet das unheimlich romantisch, genau wie alle anderen Mädchen an der High School auch. Nur Liz hat ihre Zweifel, ob es gut ist, sich so früh so fest zu binden. Und es scheint, daß sie nicht unrecht hat ...

Band 56 035
Frischverliebt und ganz schön sauer
Liz, die sonst eigentlich alle Leute mag, kann Julie und Alex auf den Tod nicht leiden. Das Dumme ist nur, daß Alex der beste Freund von Jeffrey ist – und Jeffrey ist sauer, daß seine Freundin Liz nicht netter zu den beiden ist ...

Band 56 036
Die Love-Story des Jahres?
Was passiert, wenn sich ein nicht so kluges Mädchen in den Klassenbesten verliebt? Elizabeth ahnt Schlimmes, aber Johanna ist fest davon überzeugt, daß Peter ihre Gefühle erwidert ...

Fragt nach den Bänden aus der Reihe »Sweet Love – Romane um die erste Liebe« bei Eurem Buch- oder Zeitschriftenhändler! Jeder Band kostet DM 4,80.

ein Handtuch und steckte es zusammen mit einem Buch und Sonnencreme in ihre Strandtasche. Dann ging sie hinunter, um auf Jean-Claude zu warten.

Im Haus war es ganz ruhig. Avery war schon zur Arbeit gegangen, als Elizabeth noch geschlafen hatte, und René war nach dem Frühstück verschwunden, ohne zu sagen wohin.

Die Stille wurde plötzlich von dem lauten Klingeln des Telefons unterbrochen. Elizabeth lief in die Küche und nahm ab. »*Allô?*« sagte sie, wie sie es bei Avery und René gehört hatte.

»Liz? Jessica?«

»Hier ist Liz. Avery?«

»Ja. Hallo, Liz. Kann ich bitte René sprechen?«

»Er ist nicht da. Er ist schon vor einer Weile weggegangen.«

»O nein!« stöhnte Avery. »Hat er gesagt, wann er zurückkommt?«

»Nein.« Elizabeth merkte, daß Avery ziemlich aufgeregt war. »Ist etwas passiert?«

Avery stieß die Luft aus. »Ich bin in ziemlicher Verlegenheit. Der Arzt hat meiner Patientin ein Medikament verordnet, aber die Apotheke hier kann es uns nicht bringen.«

»Kann ich es vielleicht für Sie besorgen?« bot Elizabeth an.

»O Liz, es ist mir wirklich unangenehm, dich um einen solchen Gefallen zu bitten, aber ich kann weder auf das Medikament verzichten noch meine Patientin allein lassen.«

»Gibt es einen Bus, mit dem ich zu Ihnen fahren

könnte?« fragte Elizabeth. »Unterwegs könnte ich in eine Apotheke gehen und Ihnen dann das Medikament bringen.«

»Ich wäre dir ja so dankbar. Liz, du bist wirklich ein Engel.«

»Das mache ich doch gern, Avery.« Elizabeth sah auf ihre Uhr. »Meinen Sie, ich könnte bis halb eins wieder hier sein? Ich bin hier mit Jean-Claude verabredet.«

»Nun, du mußt zur Bushaltestelle im Tal gehen. Ich glaube, der Bus fährt alle halbe Stunde«, überlegte Avery laut. »Das ganze dürfte etwa anderthalb Stunde dauern. Vielleicht solltest du für Jean-Claude einen Zettel an die Tür hängen und ihn bitten, eventuell ein paar Minuten auf dich zu warten. Ach, es tut mir ja so leid ...«

»Schon in Ordnung, Avery. Ich bin sicher, daß es ihm nichts ausmachen wird zu warten.« Elizabeth riß ein Blatt von dem Notizblock neben dem Telefonapparat und nahm einen Stift. »Beschreiben Sie mir nur, wie ich zu Ihnen komme und wo ich das Medikament besorgen kann.«

Avery war hörbar erleichtert. »Ich weiß nicht, was ich ohne dich angefangen hätte«, sagte sie dankbar. »Ich zahle dir deine Auslagen zurück, wenn du hier bist. Die Haltestelle für den Bus ins Zentrum von Cannes ist am Fuß des Hügels, und die Apotheke befindet sich genau gegenüber von der Endhaltestelle. Danach steigst du in einen anderen Bus um, um hierher zu kommen.«

Avery fuhr fort, ihr genau den Weg zu beschreiben, und Elizabeth schrieb sich alles sorgfältig auf. Sie dachte, daß es ihr vielleicht sogar Spaß machen würde, sich ganz allein in Cannes zurechtzufinden.

Nachdem sie Avery versichert hatte, sich so bald wie möglich auf den Weg zu machen, verabschiedete sie sich und legte den Hörer auf. Sie lief wieder nach oben, um etwas französisches Geld zu holen. Sie besah sich kurz die fremdartigen Münzen und Scheine und stopfte sie dann schnell in ihre Börse. Das Papiergeld hatte je nach Wert unterschiedliche Farben und Größen. Jean-Claude hatte ihr gezeigt, wo das Wasserzeichen zu sehen war, wenn man die Scheine gegen das Licht hielt.

Sie schrieb eine kurze Nachricht an Jean-Claude, daß sie gegen halb eins wieder zurück sein würde, klebte den Zettel außen an die Haustür und schloß hinter sich ab. Sie war sicher, daß Jean-Claude Verständnis haben würde, wenn sie sich um ein paar Minuten verspätete.

Jessica seufzte tief, drehte sich auf den Rücken und seufzte noch einmal. Da lag sie nun an diesem sterbenslangweiligen Strandabschnitt, umgeben von lauter sterbenslangweiligen Leuten, während sich Elizabeth wahrscheinlich gerade fertig machte, um sich mit dem Enkel einer Gräfin zu treffen.

»Jessica, hast du irgendwas?« fragte Marc und sah sie mit seinen braunen Augen besorgt an.

»Wie oft willst du mich das noch fragen?« fuhr Jessica ihn an. »Ich habe ein wenig Kopfschmerzen, ja?«

»Das tut mir aber leid. Vielleicht liegt es an der Hitze. Wenn du schwimmen gehst, ist es bestimmt gleich besser.«

»Nein, es liegt nicht an der Hitze.« Gereizt äffte Jessica seinen Akzent nach. Warum konnte dieser Kerl sie nicht mal für eine Sekunde in Frieden lassen! Warum hatte Elizabeth sie auch dazu überreden müssen, noch einen so langweiligen Tag mit Marc zu verbringen? Hätte sie doch bloß ihre Verabredung mit ihm abgesagt, statt auf ihre Zwillingsschwester zu hören.

»Möchtest du etwas Kaltes trinken?« Marc war schon auf dem Sprung, sofort zu dem Strandcafé zu laufen, das am Ende des Sandstreifens lag.

»Nein. Das nützt nichts.«

Marc biß sich auf die Unterlippe. »Möchtest du lieber nach Hause?« fragte er zögernd. »Wenn es dir nicht gut geht …«

Eine bessere Idee hatte er den ganzen Vormittag nicht gehabt. Jessica warf einen verstohlenen Blick auf seine Armbanduhr und stellte fest, daß, wenn sie sich beeilten, sie vielleicht noch rechtzeitig nach Hause kam, bevor Jean-Claude kam und ihre Schwester abholte. Selbst wenn er sich nur um Elizabeth kümmerte, hatte er vielleicht ein paar Freunde, mit denen mehr los war als mit Marc.

»Ja, vielleicht sollte ich lieber nach Hause gehen«, stimmte Jessica mit Leidensmiene zu.

Marc sah so niedergeschlagen aus, daß es Jessica kaum ertragen konnte. »Du, wir unternehmen bald wieder etwas zusammen.« Jetzt, wo sie erstmal aus dem Schneider war, fiel es ihr wieder leicht, großzügig zu sein. Sie brachte sogar ein halbes Lächeln zustande.

Marc stand auf und hielt Jessica die Hand hin. Sie ließ sich von ihm beim Aufstehen helfen, und nach kurzer Zeit saßen sie schon in seinem Porsche und fuhren zu dem Haus der Glizes zurück.

»Wie geht es deinem Kopf?« erkundigte sich Marc besorgt, während er das Auto behutsam um eine Kurve steuerte.

Jessica sah auf seiner Uhr, daß es schon beinah halb eins war. Wenn sie sich nicht ein bißchen beeilten, waren Jean-Claude und Elizabeth schon fort, bevor sie ankamen. »In meinem Kopf hämmert es fürchterlich.« Dramatisch griff sie sich an die Stirn. »Könntest du vielleicht etwas schneller fahren? Ich muß ganz schnell ein Aspirin nehmen und mich ins Bett legen.«

Sofort trat Marc aufs Gaspedal, und schon bald kamen die weißen Mauern des Hauses in Sicht.

»Vielen Dank, Marc. Weißt du, es tut mir ehrlich leid, wenn ich dir den Tag verdorben habe.« Jessica nahm ihre Sachen und stieg aus.

»Gute Besserung, Jessica«, wünschte ihr Marc. Sie spürte, wie er ihr hinterhersah, als sie sich umdrehte und auf das Haus zuging. Erst als sie die Haustür erreicht hatte, hörte sie den Porsche wegfahren.

Puh! Diesen Marc bin ich erstmal für eine Weile los, dachte sie erleichtert. Marc mochte zwar ein lieber, netter Junge sein, aber das reichte nun mal nicht aus. So viel Zeit blieb ihr nicht in Cannes, daß sie noch einen weiteren Tag damit verschwenden wollte, sich zu Tode langweilen zu lassen. Mittlerweile war klar, daß Marc ihr nicht helfen würde, die Leute kennenzulernen, für die sie sich interessierte. Aber vielleicht war das bei Jean-Claude anders.

Sie kramte den Schlüssel hervor, den Avery ihr gegeben hatte, und schob ihn ins Schlüsselloch. Erst jetzt bemerkte sie den Zettel, der an der Tür hing. Sie las ihn und hätte vor Freude am liebsten laut gejuchzt, denn es sah ganz danach aus, als hätte sie noch ein Weilchen Zeit, sich mit Jean-Claude zu unterhalten, bevor ihre Zwillingsschwester zurückkam. Wie angenehm. So hatte sie wenigstens die Möglichkeit zu beurteilen, ob er wirklich so war, wie Elizabeth ihn beschrieben hatte.

Jessica riß den Zettel ab und stopfte ihn in ihre Strandtasche. Sie hielt es nicht für nötig, ihn hängenzulassen. Schließlich konnte sie Jean-Claude persönlich erklären, daß ihre Schwester eine dringende Besorgung machen mußte.

Sie trat ins Haus und lief sofort nach oben, bürstete sich die Haare, zog sich ihr kurzes rotes T-Shirt-Kleid über den Bikini und ging dann hinunter ins Wohnzimmer, um zu warten.

Um Punkt halb eins klopfte es draußen an der Tür. Pünktlich ist er jedenfalls, dachte Jessica. Sie strich sich ihr Kleid glatt, ging an die Haustür und öffnete sie.

Fast hätte sie bei Jean-Claudes Anblick nach Luft geschnappt. Elizabeth hatte zwar erzählt, daß er gut aussah, aber Jessica hatte nicht mit jemandem gerechnet, der so atemberaubend auf sie wirkte.

Jean-Claude war groß, muskulös und braungebrannt. Sein hellbraunes Haar hatte einzelne blonde Strähnen, und eine Locke fiel ihm in sein perfekt geschnittenes Gesicht. Seine Augen waren hellbraun, beinah amberfarben, und ihr Blick war so eindringlich, daß Jessica glaubte, ertrinken zu müssen.

»*Salut*«, sagte er zur Begrüßung. Seine Stimme war tief und melodisch, und sein Lächeln sehr herzlich. »*Ça va*, Elizabeth?« Er fragte, wie es ihr ginge.

Elizabeths Name beförderte Jessica mit einem Ruck in die Wirklichkeit zurück. Sie versuchte, sich zusammenzureißen und Jean-Claude zu erklären, daß sie nicht die war, für die er sie hielt. »Du hast dich geirrt«, fing sie auf Französisch an. Plötzlich hatte Jessica größere Schwierigkeiten denn je, einen zusammenhängenden Satz herauszubekommen. Verzweifelt bemühte sie sich, einen klaren Gedanken zu fassen und das seltsame Schwindelgefühl abzuschütteln, das sie bei Jean-Claudes Anblick überkam. Seine Freunde interessierten sie mit einemmal nicht mehr. Der Junge, den sie wollte, stand direkt vor ihr.

»Was meinst du damit?« fragte er und machte ein verwirrtes Gesicht. »Wir hatten doch halb eins ausgemacht, oder nicht?«

»Doch, aber …«

»Aber was?« fragte Jean-Claude und fügte etwas hinzu, das Jessica nicht verstand.

»Wie bitte?« Jessica mußte ihn bitten, den Satz noch einmal zu wiederholen.

»Ich habe gefragt, ob du vielleicht keine Lust mehr hast, mit mir an den Strand zu gehen und Wasserski zu fahren«, sagte er etwas langsamer.

»Das ist es nicht. Und ob ich dazu Lust habe«, erwiderte Jessica mit hundertprozentiger Überzeugung.

»Na gut, dann laß uns fahren.« Er faßte sie am Arm.

Bei seiner Berührung lief es Jessica vor Aufregung kalt den Rücken hinunter. Sie wäre Jean-Claude bereitwillig überallhin gefolgt. Aber was wurde aus Elizabeth? Das konnte sie ihrer Zwillingsschwester unmöglich antun. »Jean-Claude, ich muß dir etwas sagen.«

Jean-Claude hielt ihren Arm immer noch fest. »Elizabeth, ich muß dir etwas sagen. Du siehst unheimlich hübsch heute aus, sogar noch hübscher als gestern. Ich weiß nicht, woran es liegt. Vielleicht an deinem Haar. Es gefällt mir, wenn du es offen trägst.« Er fuhr ihr mit der Hand durchs Haar, und Jessica erschauerte vor Seligkeit. »So, was wolltest du mir denn sagen?«

Jessicas Gedanken überschlugen sich mit atemberaubender Geschwindigkeit. Und wenn sie nun einfach mit Jean-Claude mitging? Elizabeth fand ihn zwar sehr nett, aber so richtig wild war sie nun auch wieder nicht auf ihn. Jedenfalls nicht so wie ich, sagte sich Jessica. Noch nie hatte sie jemanden kennengelernt, von dem sie sich augenblicklich derart angezogen gefühlt hatte. Er war sagenhaft. Er war mehr als das. Und dies war ihre einzige Chance. Nun hieß es jetzt oder nie.

Jessica blickte in Jean-Claudes amberfarbene Augen, und ihr wurde ganz schwindelig. Bestimmt war das Liebe auf den ersten Blick! Wenn Elizabeth eine Ahnung hätte, was ich fühle, würde sie sich mir niemals in den Weg stellen, dachte Jessica. Außerdem hatte Elizabeth selber gesagt, daß sie glaubte, Jean-Claude würde Jessica gefallen. Elizabeth hatte überhaupt erst Jessicas Interesse geweckt, ihn kennenzulernen.

Jean-Claude wartete immer noch auf Jessicas Antwort. Sie traf eine schnelle Entscheidung. »Jean-Claude, ich habe vergessen, was ich sagen wollte. Ich nehme an, so wichtig war es nicht.« Sie ergriff ihre Strandtasche, die sie neben der Haustür hatte fallen lassen, als sie hereingekommen war, und sah Jean-Claude mit ihrem strahlendsten Lächeln an. »*Je suis prête*. Ich bin soweit.« Bitte, verzeih mir, Liz, fügte sie im Stillen hinzu.

Sie und Jean-Claude traten in die warme, duftende Frühlingsluft hinaus. Jessica zog die Haustür hinter sich zu, schloß ab, und fort waren sie.

9 Elizabeth saß in der Apotheke und wartete auf das Medikament. Jetzt war sie schon seit mehr als einer halben Stunde hier. Alle paar Minuten sah sie zu der Ecke mit den Arzneimitteln hinüber, um zu sehen, ob ihr Rezept endlich fertig war. Sie hatte sich schon sämtliche Auslagen angesehen – die französischen Shampoos, die Sonnencremes und -öle, Pillenschachteln in allen Variationen, die elegant parfürmierten Seifen. Sie hatte alle möglichen Make-ups an den Testern ausprobiert. Und immer noch war ihr Rezept nicht fertig.

Jetzt begnügte sie sich damit, auf ihre Uhr zu sehen und zu beobachten, wie die Zeit verstrich. Wenn sie sich nicht sehr beeilte, würde sie nicht mehr rechtzeitig zurückkommen, um Jean-Claude zu treffen. Als sie losgegangen war, um Avery diesen Gefallen zu tun, war es ihr noch wie ein kleines Abenteuer erschienen. Inzwischen sah sie es anders. Draußen schien die Sonne, und es war warm – genau das richtige Wetter, um im Meer zu schwimmen und Wasserski zu fahren, statt in einer steril aussehen Apotheke herumzusitzen.

»Mademoiselle Wakefield?« rief der Mann im weißen Kittel.

Endlich. Elizabeth ließ sich von ihm das Medikament geben, zählte ihm den richtigen Geldbetrag ab, bedankte sich bei ihm und schoß zur Tür hinaus. Der Bus, den sie für den zweiten Abschnitt ihrer Fahrt nehmen mußte, hielt gerade an der Haltestelle, als sie dort ankam. Sie schaffte es so eben noch.

Avery hatte den Weg sehr gut beschrieben, und schon zehn Minuten später klopfte Elizabeth an die Tür zu einem alten, dreistöckigen Haus aus graubraunem Ziegelstein, das zwischen ganz ähnlichen Häusern stand. Avery öffnete die Tür.

»Elizabeth, ich kann dir gar nicht sagen, wie sehr du mir geholfen hast. Vielen, vielen Dank.« Erleichtert nahm sie das Medikament entgegen und zahlte Elizabeth zurück, was sie dafür ausgeben hatte.

»Das habe ich sehr gern getan«, erwiderte Elizabeth und lächelte.

»Möchtest du gern hereinkommen und eine Tasse Kaffee trinken?« fragte Avery.

»Nein, danke, Avery, ich bin schon ein bißchen spät dran für meine Verabredung mit Jean-Claude. Bis später!«

»Ja, zum Abendessen bin ich zu Hause. Und noch mal vielen Dank, Elizabeth.«

Die erste Busfahrt zurück ins Zentrum von Cannes verlief ganz schnell, und ehe Elizabeth sich versah, saß sie schon im nächsten Bus. Doch gerade, als es so aussah, als könnte sie es doch noch rechtzeitig nach Hause schaffen, geriet der Verkehr ins Stocken. Der Bus erreichte das Ende einer still stehenden Autoschlange, die die schmale, gewundene Straße verstopfte, und sie hatten noch nicht einmal die Hälfte des Weges zurückgelegt. Auf der Gegenfahrbahn kam ihnen überhaupt kein Fahrzeug entgegen.

»Was ist denn los?« rief der Busfahrer einem der vielen Autofahrer zu, die ihre Wagen verlassen hatten.

»Da vorne ist ein Unfall passiert«, erwiderte der Mann. Er fügte noch etwas von einem Streit hinzu, der dort im Gange war, aber Elizabeth verstand nicht ganz, was er sagte.

Der Busfahrer stand von seinem Sitz auf, streckte seine stämmigen Beine und wandte sich an seine Passagiere. »Meine Damen und Herren, anscheinend werden wir hier eine Zeit lang aufgehalten. Bis die Fahrt weitergeht, können Sie gern den Bus verlassen.«

Elizabeth stöhnte. Jetzt hatte sie nicht mehr die geringste Hoffnung, noch rechtzeitig nach Hause zu kommen. Sie dachte daran auszusteigen und die Strecke im Dauerlauf zurückzulegen, aber das Haus war noch ein ganzes Stück entfernt, und außerdem führte die ganze Strecke bergauf. Egal, was sie unternahm, sie würde in jedem Fall viel zu spät kommen.

Sie stieg aus dem Bus und ging die Straße hinauf, um nachzusehen, was passiert war. Ein kleines, senfgelbes Auto stand quer über beide Fahrbahnen in einer Kurve. Es war frontal mit einem großen Reisebus zusammengestoßen, und während der Reisebus nur eine kleine Delle unter dem linken Scheinwerfer hatte, war die ganze Motorhaube des kleinen Autos wie eine Ziehharmonika zusammengequetscht, und die Windschutzscheibe war geborsten.

Offensichtlich war das kleine Auto in der Kurve ins Schleudern gekommen und außer Kontrolle geraten.

Die Insassen, ein junges Paar auf Ferienreise, hatten ein paar Kratzer und Prellungen, waren aber ansonsten wie durch ein Wunder unverletzt geblieben. Benommen standen sie neben ihrem eingedrückten Auto, ohne daß ihnen sonst etwas zu fehlen schien.

Die Fahrgäste des Reisebusses hatten sich am Straßenrand unter die anderen Schaulustigen aus den übrigen Fahrzeugen gemischt. Hier staute sich der Verkehr in beiden Richtungen. Der Reisebus war mit Touristen aus verschiedenen Ländern besetzt gewesen, und sie unterhielten sich in einem Gewirr der unterschiedlichsten Sprachen, diskutierten über den Unfall, begutachteten den Schaden an dem kleinen Auto und wandten sich hin und wieder mit ein paar tröstenden Worten an das unglückliche junge Paar.

Währenddessen war ein heftiger Streit zwischen zwei Gruppen von Leuten im Gange, die sich um das Auto gesammelt hatten. Das Wortgefecht fand in einem so hitzigen Durcheinander statt, daß Elizabeth unmöglich verfolgen konnte, was gesagt wurde. Sie wandte sich an eine Frau, die neben ihr stand, und fragte sie, worum es ging.

»Oh, Sie sprechen Englisch?« schaltete sich eine zweite Frau mit typisch britischem Akzent ein.

Elizabeth nickte. »Worum geht denn der Streit?«

»Anscheinend ist die eine Gruppe dafür, daß man das Auto an den Straßenrand schiebt, damit der Verkehr nicht weiter behindert wird. Die anderen bestehen darauf, auf die Polizei zu warten, so daß der Unfall korrekt aufgenommen werden kann. Sie kennen ja die Franzosen und ihre Vorliebe für Papier-krieg.«

Elizabeth zeigte auf die Menschenmenge. »Aber es gibt hier doch jede Menge Zeugen. Bestimmt reicht es, wenn die Polizei ein paar von ihnen vernimmt. Dann könnten die übrigen Leute wenigstens weiter-fahren.« Sie sah auf ihre Uhr. Zwanzig vor eins. »Ein-fach lächerlich«, sagte sie ungeduldig.

»Das kann man wohl sagen«, stimmte die Englän-derin zu. »Aber ich fürchte, wir können nichts weiter tun als abzuwarten, was bei der Debatte heraus-kommt. Es sei denn, die Polizei trifft ein, bevor sie zu Ende ist.«

Zu guter Letzt stellte eine der umstehenden Frauen fest, daß ihr Sohn ein Stück Kreide bei sich hatte, und entschied, damit die Streitigkeit. Man beschloß, die Stellen zu markieren, wo sich die Reifen der Fahr-zeuge befunden hatten und das Auto von der Straße zu schieben. Ein paar Leute packten am Heck an, drehten das kleine Fahrzeug ein Stück und schoben es auf den Seitenstreifen.

Ein Aufatmen ging durch die Menge, und die Tou-risten strömten wieder in den Reisebus zurück. Eliza-beth lief zu ihrem eigenen Bus zurück, und kaum hatte sie sich gesetzt, als der Verkehr wieder zu flie-ßen begann. Bald hatte sie ihre Haltestelle erreicht. Sie stieg aus und lief in rasender Eile zum Haus der Glizes hinauf.

Aber es war schon zu spät. Der Zettel, den sie hin-terlassen hatte, war fort. Offensichtlich war Jean-Claude dagewesen, aber jetzt fehlte jedes Zeichen von ihm. »O nein«, stöhnte Elizabeth. Sie ließ sich auf die Stufe zum Eingang fallen. »Was für ein verkorkster Vormittag!«

Daß sie Jean-Claude versetzt hatte, fand sie furchtbar. Es war schon nach eins. Sie konnte ihm nicht übelnehmen, daß er nicht länger auf sie gewartet hatte und gegangen war. Sie konnte nur hoffen, daß er sich nicht zu sehr über sie geärgert hatte.

Elizabeth stand auf, schloß die Haustür auf und ging geradewegs in die Küche ans Telefon. Auf dem Apparat befand sich ein Aufkleber mit wichtigen Rufnummern. Mit dem Zeigefinger fuhr sie die Nummern entlang. Da hatte sie es. »Zwölf: *renseignements* — Auskunft. Sie wählte und bat um die Telefonnummer der Gräfin de Willenich. Die Telefonistin wiederholte sie ihr zweimal.

Aber Jean-Claude war nicht zu Hause, ebensowenig wie die Gräfin. Statt dessen beantwortete Jacqueline, die Haushälterin, Elizabeths Anruf. »Können Sie ihm bitte ausrichten, daß Elizabeth Wakefield angerufen hat, und daß er mich bitte zurückrufen möchte?« fragte Elizabeth. Sie gab Jacqueline die Telefonnummer der Glizes, dankte ihr und legte auf.

Dann wird es also nichts mit Schwimmen und Wasserskifahren heute nachmittag, dachte sie. Jetzt mußte sie erstmal abwarten. Aber vielleicht rief Jean-Claude schon diesen Abend zurück, dann konnten sie sich für den nächsten Tag verabreden.

»Als ich dich gestern gefragt habe, ob wir mal miteinander Tennis spielen könnten, habe ich es ernst gemeint«, sagte Jean-Claude, als er und Jessica zum Strand unterwegs waren.

»Dann mach dich auf ein hartes Spiel gefaßt«, erwiderte Jessica. »Ich bin schwer zu schlagen.« Ihr Französisch war zwar sehr holprig, aber sie konnte sich verständlich machen.

»So was mag ich – eine echte Herausforderung.« Jean-Claude nahm eine Hand vom Steuerrad und legte sie Jessica auf die Schulter. »Wie wäre es mit morgen früh?«

Es schien Jessica, als konzentriere sich jeder einzelne Nerv ihres Körpers auf die Stelle, wo Jean-Claudes Hand ihre Schulter berührte. Ihr wurde abwechselnd heiß und kalt. »Morgen? Ja, natürlich. Mir ist jede Zeit recht«, brachte sie hervor.

»Gut.« Jean-Claude bog links ab und nahm einen anderen Weg zum Strand als Marc.

Jessica war erleichtert. Auf keinen Fall wollte sie in die Nähe von Marcs Strandclub, für den Fall, daß er dorthin zurückgekehrt war, nachdem er sie nach Hause gebracht hatte. Um ganz sicher zu gehen, fragte sie Jean-Claude, wo genau sie hinfuhren.

»Zum Strand, natürlich. Ich meine, ich weiß ja, daß es gewisse Verständigungsschwierigkeiten zwischen uns gibt – anscheinend sogar etwas mehr als gestern – aber ich dachte, darüber wären wir uns zumindest einig gewesen.« Er lachte amüsiert.

»Schon gut, schon gut. Aber vielleicht könntest du mir verraten, zu welchem Strand.«

»Du möchtest aber alles ganz genau wissen.« Jean-Claude zwinkerte ihr zu. »Wir fahren zum öffentlichen Strand. Da treffen sich die ganzen Leute in unserem Alter, und da ist viel mehr los als in manchen dieser exklusiven Strandclubs.«

Jessica dachte an den Strand, an dem sie mit Marc gewesen war. Sie nickte. »Ja, ich verstehe sehr gut, was du meinst. Man kann sich dort ganz schön — wie sagt man?« Sie suchte fieberhaft nach dem französischen Wort für »langweilen«. Ihr kam kurz in den Sinn, daß sich ihr Französisch nicht im geringsten mit Elizabeths messen konnte, aber es war zu spät, sich darüber noch Gedanken zu machen. Sie steckte schon viel zu tief in dieser Geschichte. Endlich fiel ihr das Wort ein. »Also, man kann sich dort ziemlich langweilen«, wiederholte sie.

Jean-Claude machte ein verwundertes Gesicht. »Ich dachte, du hättest mir erzählt, daß du hier noch gar nicht am Strand gewesen bist. Was meinst du damit?«

Jessicas Gedanken überschlugen sich. »Oh — äh — ich war auch noch nicht am Strand. Ich wollte nur sagen, jemand hat mir erzählt, daß an den Privatstränden nicht besonders viel los ist«, behauptete sie schnell, um ihren Fehler zu vertuschen.

Jean-Claude sah immer noch ein wenig nachdenklich aus, als er in der Nähe des Strandes parkte und den Motor abstellte. »Elizabeth, das hört sich jetzt bestimmt furchtbar albern an, aber wenn ich es nicht besser wüßte, könnte ich meinen, daß du heute ein anderer Mensch bist.«

Jessica zuckte innerlich zusammen, als Jean-Claude sie beim Namen ihrer Zwillingsschwester nannte. Es war wirklich nicht richtig von ihr, diese Maskerade weiterzutreiben. Vielleicht sollte sie ihm einfach die Wahrheit sagen. Jetzt bot sich gerade die passende Gelegenheit. Aber was war, wenn er unbedingt zurückfahren wollte, um die richtige Elizabeth zu holen? Und wenn sie, Jessica, für den Rest des Tages allein zu Hause herumsitzen mußte? Und das Schlimmste von allem — wenn Jean-Claude sie nun dafür verachtete, daß sie ihn so an der Nase herumgeführt und ihrer Schwester einen so üblen Streich gespielt hatte?

Nein, das hätte Jessica nicht ertragen. Sie wollte, daß Jean-Claude nur die allerbeste Meinung von ihr hatte. Und wenn diese gute Meinung auf einer winzigen Lüge aufbaute — na ja, so winzig nun auch wieder nicht — dann mußte sie eben damit leben. Und außerdem — was Jean-Claude nicht wußte, konnte ihn auch nicht stören, oder?

»Jean-Claude, ich weiß wirklich nicht, wovon du redest«, antwortete sie, als wäre sie die Unschuld in Person. »Sehe ich etwa anders aus, als das Mädchen, mit dem du gestern zusammen warst?« Jessica sprach langsam und deutlich. Es war äußerst wichtig, daß er sie richtig verstand.

»Nein, natürlich nicht, obwohl du etwas an dir hast — ich weiß nicht recht — etwas, das dich sogar noch attraktiver macht als gestern. Vielleicht deine gute Laune. Aber das klingt total verrückt, oder?« Jean-Claude schüttelte den Kopf und sah sie mit einer Mischung aus Verwirrung und Bewunderung an.

»Aber nicht doch.« Jessica legte den Kopf schief. »Und was mein Französisch angeht, habe ich da wohl meine guten und meine schwächeren Tage — wie bei allem.«

Jean-Claude nickte und nahm Jessicas Hand. »Du hast recht. Und weißt du was? Ich glaube, dies wird einer der ganz besonders guten Tage. Für uns beide. Und ich meine damit nicht dein Französisch.« Er strich ihr leicht über den Arm, so daß sie eine wohlige Gänsehaut bekam.

Jessica konnte nicht die Augen von Jean-Claude abwenden. Er war vielleicht im Irrtum, was ihre Identität anging, aber in einer Sache hatte er absolut recht. Wenn Jessica Wakefield etwas dazu tun konnte, dann sollte dies ein unvergeßlicher Tag werden.

Elizabeth war hundeelend zumute. Sie hatte Jean-Claude gerade erst kennengelernt, und schon hatte sie ihre Verabredung mit ihm platzen lassen. Sie ließ sich im Wohnzimmer auf die Couch fallen und warf wütend ihre Tasche auf den Boden.

»Na, schlecht gelaunt?« ertönte plötzlich eine tiefe Stimme.

Elizabeth fuhr herum. »Oh, René, hast du mich erschreckt! Wie lange bist du denn schon zu Hause?«

René ignorierte ihre Frage. »Und was haben wir heute, daß sich unser amerikanisches Prinzeßchen so aufregen muß?«

»René, bitte. Ich habe einen sehr unangenehmen Vormittag hinter mir. Bitte fang jetzt nicht schon wieder an.« Elisabeth umklammerte die Armlehne. René hätte sich wirklich keinen ungünstigeren Zeitpunkt aussuchen können.

»Was ist denn passiert? Ist dir etwa ein Fingernagel abgebrochen?« stichelte René.

»Also, wenn du es unbedingt wissen willst — ich mußte heute quer durch ganz Cannes und zurück fahren, um deiner Mutter ein Medikament für eine Patientin zu besorgen. Einen guten Teil des Vormittags habe ich in einer Apotheke herumgesessen und gewartet, und danach bin ich in einem Verkehrsstau steckengeblieben. Ich bin so spät nach Hause gekommen, daß ich meine Verabredung verpaßt habe. Es ist wirklich nicht nötig, daß du alles noch schlimmer machst«, schloß Elizabeth mit fester Stimme.

»Oh, du hast Jean-Claude versetzt? Also, ich kann nicht sagen, daß mich das besonders überrascht.« René ließ sich in einen Sessel gegenüber von Elizabeth fallen.

»Und was soll das bitteschön heißen?« Elizabeths Geduld war schon am Ende gewesen, noch bevor René mit seinen Gehässigkeiten angefangen hatte. Jetzt war sie kurz davor zu explodieren.

»Aber, aber, warum denn so unbeherrscht heute? Kannst du es nicht ertragen, wenn mal nicht alles nach deiner Nase geht? Du erwartest wohl, daß du es immer einfacher im Leben hast. Du hast alles, was du brauchst, und du bekommst alles, was du willst. Und noch mehr. Aber so seid ihr amerikanischen Mädchen eben — ihr habt den Schrank voller Klamotten und wißt nicht, was ihr anziehen sollt.«

Elizabeth mußte ihre ganze Willenskraft aufbieten, um einen kühlen Kopf zu behalten. »René, was hast du eigentlich gegen mich? Habe ich dir irgendwas getan? Oder Jessica? Warum behandelst du uns so?«

»Es geht nicht darum, was ihr getan habt, sondern wofür ihr steht«, giftete René. »Alle ihr amerikanischen Mädchen. Ihr haltet euch für den Nabel der Welt. Das ist es doch, was man euch ständig eintrichtert. O ja, wir Europäer sehen uns eure Filme und Fernsehshows an. Ich weiß, wie ihr Mädchen denkt. Ihr laßt irgendeinen armen Kerl draußen vor eurer Tür stehen, während ihr euch Zeit mit dem Nachhausekommen laßt. Und wenn schon! Die anderen haben eben zu warten, oder?«

Elizabeth sprang auf und sah René wütend an. »Jetzt hör mal gut zu, René Glize. Ich habe mir keineswegs Zeit dabei gelassen, hierher zurückzukommen. Ich bin die Strecke von der Bushaltestelle hierher in einem Stück gerannt. Und du kannst auch nicht behaupten, daß ich zu meinem eigenen Vergnügen weggefahren wäre. Ich bin gefahren, weil deine Mutter mich gebraucht hat.«

»Oh, jetzt gibst du also meiner Mutter die Schuld.«

»Nein, dir gebe ich die Schuld! Deine Mutter hat angerufen, um dich zu bitten, ihr die Medizin zu besorgen. Aber du hattest ja niemandem gesagt, wo man dich erreichen konnte. Hör mal, ich verstehe ja, daß du deine Probleme mit Amerikanern hast, aber laß mich dabei gefälligst aus dem Spiel!«

»Du verstehst? Was verstehst du schon!« Inzwischen war René auch aufgesprungen, und seine Worte hallten von den Wohnzimmerwänden wider.

Elizabeth betrachtete ihn genau. Sein feingeschnittenes Gesicht war rot vor Zorn und von Feindseligkeit entstellt. Er benahm sich wie ein kleines Kind, und nicht wie ein Junge von achtzehn Jahren.

Sie setzte sich wieder auf die Couch. Plötzlich war sie nicht mehr auf René wütend, sondern nur noch auf seinen Vater. Seine Schuld war es, daß René immer noch so sehr litt, und daß er seinen Schmerz an anderen abreagierte. »Ich verstehe eine ganze Menge«, sagte Elizabeth zu ihm. Sie sprach jetzt ganz leise. »René, ich weiß über deinen Vater Bescheid.«

Mit einemmal war es mucksmäuschenstill im Zimmer. René war kreidebleich geworden. Elizabeth sprang auf und ging zu ihm. »Ist alles in Ordnung mit dir?« Sie streckte die Hand aus und berührte ihn am Arm.

René zuckte zurück, als wäre er gestochen worden. Jäh kehrte die Farbe in sein Gesicht zurück, das vor Wut verzerrt war. »Untersteh dich, jemals wieder meinen Vater zu erwähnen. Du kannst unmöglich auch nur das geringste davon verstehen!«

»Da irrst du dich, René. Ich glaube, ich kann mir vorstellen, wie schlimm es für dich gewesen sein muß, wie schlimm es immer noch ist.«

»Was verstehst du schon davon? Du hast doch noch beide Eltern, die sich lieben und die euch lieben. Eine Bilderbuchfamilie. Und du willst mir weismachen, du könntest verstehen, wie mir zumute ist?«

Elizabeth blieb ruhig. »Ich weiß, daß ich in einer glücklichen Familie lebe, und darüber bin ich auch sehr froh. Aber es gibt keine vollkommene Familie.

Wir haben neben unseren Freuden auch unsere Sorgen, so wie jeder andere auch.« Sie sah ihn fest an. »Ich will nicht behaupten, daß ich es in meinem Leben schwer gehabt habe, aber ich weiß sehr gut, was es bedeutet zu leiden. Was du durchgemacht hast, muß schrecklich gewesen sein. Und wenn ich sehe, wie du leidest, geht mir das nahe. Ich wäre kein Mensch, wenn es nicht so wäre.«

René hörte ihr zu und sah sie dabei aufmerksam an, als suchte er in ihren Augen nach einem Beweis für ihre Aufrichtigkeit. Für einen kurzen Augenblick schien er nachzugeben.

Aber dann spiegelten sich wieder Ärger und Mißtrauen in seinem Gesicht. »Ach, das ist doch alles nur Gerede«, antwortete er verbittert. »So etwas ist leicht dahergesagt. Aber so einfach bin ich nicht zu überzeugen, daß ich mich in dir geirrt habe.« Er machte auf dem Absatz kehrt und stürmte zur Tür hinaus.

Elizabeth sah ihm hinterher. Warum wollte sie ihm unbedingt beweisen, daß seine Meinung über sie falsch war? Gib es dran, sagte sie sich. Diesen Kampf kannst du einfach nicht gewinnen.

10 Auf der anderen Seite des Ozeans sagte Cara Walker genau dasselbe zu sich. Sie stand in ihrem Zimmer vor dem Spiegel. »Es hat keinen Zweck«, meinte sie zu ihrem Spiegelbild. »Dabei kannst du nicht gewinnen.« Sie hob eine Hand und berührte ihr Gesicht. Sie war noch derselbe Mensch wie vor einer Woche — vielleicht etwas blasser und mit verquollenen Augen von zu vielen schlaflosen Nächten — aber immerhin dasselbe Mädchen, das Steven in den Armen gehalten und geküßt hatte, das Mädchen, dem er versichert hatte, er hätte sich in sie verliebt. Wie hatten sich seine Gefühle nur so schnell ändern können?

Cara schluckte, aber es kamen keine Tränen. Sie hatte schon zuviel geweint. Jetzt war sie innerlich leer, stumpf, wie ausgedörrt. Wie ein Roboter fühlte sie sich, wenn sie mechanisch durch den Tag ging, ohne sich für ihre Umwelt zu interessieren.

Sie hatte sich mit Maria Santelli und Sandra Wilson, zwei Freundinnen aus der Cheerleading-Mannschaft, zum Pizza-Essen bei Guido's verabredet, doch selbst der Gedanke an Guidos Spezial-Pizza konnte sie heute abend nicht aufheitern. Am liebsten wäre sie ins Bett gekrochen, hätte sich die Decke über die Ohren gezogen und wäre nie wieder herausgekommen.

Aber Maria hatte nicht lockergelassen. »Du mußt

einfach wieder unter die Leute gehen. Zeig dieser miesen Ratte Steven Wakefield, daß du wunderbar ohne ihn zurechtkommst. Es hilft dir bestimmt nicht weiter, wenn du zu Hause herumhängst und Trübsal bläst. Und außerdem«, hatte sie hinzugefügt, »bin ich es leid, den größten Trauerkloß von ganz Sweet Valley in meiner Mannschaft zu haben. Ich will an dir endlich mal wieder ein fröhliches Gesicht sehen.«

Also hatte Cara zugestimmt, mit den zwei Mädchen bei Guido's essen zu gehen. Das war immer noch einfacher, als sich Maria zu widersetzen. Cara legte sich ein wenig Rouge auf die Wangen und bürstete ihre dunkelbraunen, schulterlangen Haare. Ich muß ja nicht unbedingt genauso miserabel aussehen, wie ich mich fühle, dachte sie. Sie schlüpfte in ein Paar Sandaletten, nahm ihre Handtasche und ging hinunter ins Wohnzimmer. Es wurde Zeit, daß sie ihr Schneckenhaus verließ.

Ihre Mutter, die sich gerade einen Spielfilm im Fernsehen ansah, blickte auf, als Cara hereinkam. »Gehst du weg, Liebes?« Sie schien erfreut und auch erleichtert zu sein.

»Ja, ich bin mit Maria und Sandra zum Pizza-Essen verabredet. Ich wollte fragen, ob ich den Honda nehmen darf. Wenn nicht, will Sandra vorbeikommen und mich abholen.«

Ihre Mutter stand auf und griff in ihre Rocktasche. »Hier, Schatz.« Sie hielt Cara die Wagenschlüssel hin. »Viel Spaß. Und fahr schön vorsichtig.«

Cara nahm die Schlüssel. »Danke.« Sie wünschte, es wäre immer so einfach, das Auto zu borgen. Aber in den letzten Tagen hatte sich ihre Mutter ihretwegen solche Sorgen gemacht, daß sie ihr am liebsten die ganze Welt auf einem Silbertablett präsentiert hätte. Unglücklicherweise konnte sie Cara aber nicht das zurückgeben, was sie wieder glücklich gemacht hätte – Steven.

»Also, bis nachher dann.« Cara winkte ihr kurz zu. »Ich bleibe nicht lange weg.«

Ihre Mutter zog die Augenbrauen hoch. »Cara?« Sie stand noch einmal auf, ging zu ihrer Tochter hinüber und nahm sie in den Arm. »Tu mir einen Gefallen und versuch mal zu lächeln. Weißt du, wenn du es dir nur fest genug vornimmst, schaffst du es vielleicht, heute abend wirklich ein bißchen Spaß zu haben.«

Cara umarmte ihre Mutter ganz fest. »Es wird mir wohl nichts schaden, es wenigstens zu versuchen.«

Während der Fahrt zu Guido's dachte Cara an den Rat ihrer Mutter, und als sie die Tür zu der Pizzeria aufstieß, trug sie ein Lächeln zur Schau. Sobald sie eintrat, verging ihr das Lächeln jedoch. Weiter hinten, in einer Nische bei dem künstlichen Wasserfall, der die hintere Wand hinabplätscherte, saßen Steven und Ferney.

Ferneys fröhliches Gekicher und der satte, würzige Duft von frisch gebackener Pizza erfüllten den Raum. Steven war offensichtlich ganz hingerissen von Ferney. Er wandte den Blick nicht eine Sekunde von ihr.

Cara zögerte einen Augenblick zu lange, um sich schnell wieder aus dem Staub zu machen. »Cara, hier sind wir«, hörte sie Maria rufen.

Steven hörte Maria auch. Er wandte den Kopf und blickte Cara an. Sein Gesicht war rot vor Verlegenheit, und er sah so schuldbewußt aus wie jemand, den man beim Pfuschen erwischt hatte. Er hob die Hand und winkte zaghaft.

Cara wünschte sich, der Boden würde sich auftun und sie verschlucken. Sie zitterte am ganzen Körper, und ihr wurde schrecklich übel. Sie stand wie angewurzelt da und konnte sich vor lauter Elend nicht rühren.

»Du – äh – Cara, möchtest du dich nicht zu uns setzen«, drang Stevens unsichere Stimme wie durch einen Nebel zu ihr. Das Ganze erschien ihr total unwirklich. Es war zu schrecklich, um wahr zu sein.

Irgendwie brachte sie es fertig, sich in Gang zu setzen. Mit schwachen Knien trat sie zu Steven an den Tisch. »Ich würde mich gern zu euch setzen, Steven. Du glaubst gar nicht, wie gern. Aber ich glaube nicht, daß es hier einen Platz für mich gibt.« Sie sah Steven noch ein letztes Mal ins Gesicht, das Gesicht, das sie so lieb hatte. Dann wandte sie sich ab und ging mit steifen Beinen geradewegs auf den Ausgang zu.

»Cara!« Maria lief hinter ihr her. »Cara, wohin willst du? Bleib hier. Cara, du kannst dich doch nicht von irgendeinem blöden Kerl hier verjagen lassen. Cara, ich rede mit dir …«

Maria sprach weiter auf sie ein, aber Cara verließ ohne innezuhalten die Pizzeria. Ihr Herz klopfte so laut, daß sie kaum hörte, was Maria zu ihr sagte. Sie lief zum Parkplatz, ließ sich gegen ihr Auto fallen, und warme, salzige Tränen liefen ihr über das

Gesicht. Dabei hatte sie geglaubt, keine Tränen mehr zu haben. Wie sehr hatte sie sich geirrt!

Noch vor wenigen Tagen hatte sich Cara tatsächlich darauf gefreut, Ferney kennenzulernen. Und jetzt wünschte sie sich von ganzem Herzen, dieses Mädchen hätte nie seinen Fuß auf kalifornischen Boden gesetzt. Cara wischte sich mit dem Ärmel die Tränen ab. Nichts als Unglück hatte ihr das dämliche Austauschprogramm eingebracht, das sich Mrs. Dalton da ausgedacht hatte.

»Auf die beste Idee, die unsere Französischlehrerin jemals hatte!« Jessica hob ihr Glas.

Jean-Claude stieß mit ihr an, so daß ihre Gläser hell klingelten. »Und auf die schönste Besucherin von Cannes.«

»Darauf trinke ich gern!« Jessica nippte ein paarmal an ihrem Champagner. »Hmmm, ist das köstlich.« Jean-Claude hatte wirklich Stil, fand Jessica. Nachdem sie einen herrlichen Nachmittag lang in der Sonne gelegen, geschwommen, Wasserski gefahren und von dem Boot des Freundes aus getaucht hatten, war Jean-Claude mit Jessica zu einem kleinen Restaurant in den Bergen hoch über Cannes gefahren. Nun saßen sie zusammen an einem polierten Holztisch auf einer Terrasse, neben sich einen Eiskübel mit einer Flasche Champagner, während die Schatten länger wurden und die Sonne langsam im Meer zu versinken begann. Der Himmel war dunkelviolett und wechselte zum Horizont von Rosa zu Hellorange.

»Einfach unglaublich!« sagte Jessica beeindruckt. Als es dunkler wurde, gingen in Cannes nach und nach die Lichter an, bis das ganze Tal funkelte. Der Abendstern erschien am Himmel. »Da, sieh mal! Wenn dieser Stern aufgeht, kann man sich etwas wünschen, weißt du das?«

»Ich wünsche mir, daß, solange du hier bist, jeder Tag so wunderschön wird wie heute.« Jean-Claude hielt sein Champagnerglas zu dem Stern empor.

»Nein, du darfst es nicht laut sagen, sonst geht dein Wunsch nicht in Erfüllung«, erklärte Jessica.

»Glaub doch nicht so was. Wir können dafür sorgen, daß er in Erfüllung geht, wenn wir nur wollen.« Jean-Claude langte über den Tisch und nahm Jessicas Gesicht zwischen seine großen, starken Hände. »Meinst du nicht?«

Zur Antwort beugte sich Jessica über den Tisch und wandte ihm ihr Gesicht zu. Sie spürte seinen warmen Atem, als sich ihre Lippen sanft berührten. Sein Kuß schmeckte noch ein wenig nach Meerwasser, gemischt mit Champagner.

»Ah, Elizabeth«, murmelte Jean-Claude.

Abrupt wich Jessica zurück. Wenn Jean-Claude sie doch nicht dauernd Elizabeth nennen würde! Dies war der einzige Makel an einem vollkommenen Tag. Aber die Wahrheit konnte sie ihm nicht sagen. Jedenfalls noch nicht. Dazu war es noch zu früh. Sie mußte abwarten, bis er so sehr in sie verliebt war, daß es ihm völlig egal war, wer sie war.

»Was ist los?« Jean-Claude runzelte die Stirn. »Magst du es nicht, wenn ich dich küsse?«

Jessica betrachtete wieder Jean-Claudes gutausse-hendes Gesicht und schmolz förmlich unter dem Blick seiner Augen dahin. Ihre Lippen trafen sich zu einem langen, innigen Kuß. Kurz trennten sie sich, aber nur um sich gleich wieder zu einem noch leiden-schaftlicheren Kuß zusammenzufinden.

»Reicht dir das als Antwort?« flüsterte Jessica.

»Ah-häm!« räusperte sich hinter ihr der Kellner. »*Monsieur, mademoiselle, excusez-moi.*« Er stellte eine dampfende Terrine *Bouillabaisse* auf den Tisch und schöpfte jedem eine Portion auf den Teller.

Jessica sog den köstlichen Duft ein. In der kräftigen Brühe entdeckte sie die verschiedensten Meeres-früchte – Langusten, Muscheln, Krebse – und meh-rere Fischsorten, die sie nicht kannte. »Wow!« Besser konnte sie ihre Begeisterung nicht ausdrücken.

Jean-Claude lachte. »Ich mag diesen Ausdruck. ›Wow!‹« Er imitierte Jessica so gut er konnte. »Man hört gleich, was er zu bedeuten hat. ›Wow!‹«

»Gar nicht schlecht«, lobte Jessica ihn. »Und was sagt man auf Französisch dazu?«

»*Fantastique, incroyable, magnifique, superbe, splen-dide ...*«

Jessica hob die Hände. »Halt! Nicht so schnell!« bat sie. »Immer eins nach dem anderen, *d'accord?*«

Jean-Claude wiederholte die Worte, und sie sprach sie einzeln nach, um sie im Gedächtnis zu behalten. Bestimmt wäre Elizabeth stolz auf sie. Elizabeth. Da war schon wieder dieser kleine Stich von Schuldbe-wußtsein, als Jessica an ihre Zwillingsschwester dachte.

»Möchtest du denn gar nicht probieren?« Jean-Claudes Stimme riß sie aus ihren Gedanken.

»Probieren? Ach ja, die Suppe.« Jessica versuchte einen Löffel von der *Bouillabaisse*. Ein zartes, weiches Stück Fisch zerging ihr auf der Zunge. Die Suppe war hervorragend abgeschmeckt.

»Gut?« fragte Jean-Claude.

»*Fantastique, incroyable, magnifique, superbe, splendide!*« rief sie. »Mit einem Wort — wow!« Jessica bot ihre ganze gute Laune auf und versuchte, den Gedanken an Elizabeth zu verbannen.

Dank dem guten Essen, dem Champagner, der romantischen Stimmung und Jean-Claudes Aufmerksamkeit gelang ihr das auch zumeist. Aber irgendwo in ihrem Hinterkopf hatte sich das schlechte Gewissen wie ein kleiner Stachel festgesetzt und nagte den ganzen Abend über leise an ihr.

Das hielt sie jedoch nicht davon ab, sich für den nächsten Tag wieder mit Jean-Claude zu verabreden.

»Und morgen spielen wir Tennis, wie wir es vorhatten?« fragte er, als er später am Abend vor dem Haus der Glizes hielt.

Jessica nickte.

»Schön. Ich kann es kaum erwarten.« Er zog sie fest an sich. »Es war ein wunderbarer Tag. Es hat mir unheimlich gut gefallen, mit dir zusammen zu sein. Sogar noch besser als gestern.«

Wieder nagte das schlechte Gewissen an Jessica. »Na ja, jetzt kennst du mich auch schon ein bißchen besser«, sagte sie in der Hoffnung, damit den Unterschied zu erklären, den Jean-Claude zwischen ihr und ihrer Schwester deutlich zu spüren schien.

Jean-Claude schlang seine kräftigen Arme um sie, küßte sie auf die Stirn, die Augen, die Nasenspitze und schließlich auf den Mund.

Zu gern hätte sich Jessica ganz seiner Umarmung überlassen, aber das wagte sie nicht. Es war viel zu gefährlich, wenn sie allzu lang hier vor dem Haus parkten. Wenn Elizabeth sie sah, war alles aus. »Jean-Claude, ich gehe jetzt lieber hinein.«

»Ich hole dich morgen um ein Uhr hier ab«, schlug Jean-Claude vor, ohne Jessica loszulassen.

»Hmm, vielleicht wäre es besser, wenn wir uns bei deiner Großmutter treffen würden«, sagte Jessica. Unter gar keinen Umständen durfte sie zulassen, daß Jean-Claude am nächsten Tag bei den Glizes an die Haustür klopfte. Sie würde herausfinden müssen, wo die Gräfin lebte, aber sie konnte sich vorstellen, daß das in der Gegend allgemein bekannt war.

»Gern. Bestimmt wird sich Großmutter freuen, dich wiederzusehen«, erwiderte Jean-Claude. »Du hast ihr wirklich sehr gefallen.«

Jessica blickte auf das Armaturenbrett. »Ja, ich — äh — mag sie auch sehr.« Während sie das sagte, verkreuzte sie hinter ihrem Rücken die Finger der rechten Hand.

»Dann sehen wir uns also morgen«, meinte Jean-Claude. Zum Abschied umarmten sie sich noch einmal fest.

»Jessie? Bist du das?« Jessica wollte sich gerade die Treppe zum Gästezimmer hinaufschleichen, aber Elizabeths Stimme hielt sie zurück. »Hallo? Jessica?«

Es sah ganz danach aus, daß Jessica nun ihrer Zwillingsschwester gegenübertreten mußte. Sie machte kehrt und stieg die Stufen langsam wieder hinunter.

»Hi, Liz«, sagte sie. Sie setzte sich neben ihrer Schwester auf die Couch und versuchte verzweifelt, sowohl ihr Gewissen als auch Liz' unglückliches Gesicht zu ignorieren.

»Hi, Jessie. Hattest du einen schönen Tag?« Elizabeths Versuch, einen fröhlichen Eindruck zu machen, scheiterte kläglich.

Das machte es für Jessica noch schlimmer. Eine innere Stimme drängte sie, ihrer Schwester alles zu beichten, um mit ihr wieder ins Reine zu kommen. Bestimmt würde Elizabeth ihr verzeihen. So schlimm konnte es gar nicht werden. Jessica fingerte nervös am Trageriemen ihrer Strandtasche herum und überlegte krampfhaft, wie sie ihrer Zwillingsschwester die ganze Situation am besten erklären sollte.

»Liz?« Sie sammelt all ihren Mut.

»Ja, Jessica?«

Aber sie brachte es nicht fertig. Selbst wenn Elizabeth Verständnis hatte, würde sie vermutlich darauf bestehen, daß Jessica Jean-Claude sofort die Wahrheit gestand. Wenn es etwas gab, das Elizabeth nicht ertragen konnte, waren es Lügen. Dann würde Jean-Claude vielleicht beschließen, daß Jessica es nicht wert war, sich weiter mit ihr abzugeben. Nein, das konnte sie nicht riskieren. Dazu gefiel ihr Jean-Claude viel zu gut. Auf gar keinen Fall wollte sie gefährden, was sich zwischen ihnen anbahnte.

»Liz, äh, ja, ich hatte einen schönen Tag. Und du?«

»Ach, Jessica, mir ist alles danebengegangen«, sagte Elizabeth.

Jessica rutschte unbehaglich auf der Couch hin und her und vermied es, ihre Schwester anzusehen. »Was ist denn passiert?«

»Also, ich wollte mich doch heute mit Jean-Claude treffen, aber kurz nachdem du weggegangen warst, hat Avery angerufen.« Stück für Stück erzählte sie ihre Geschichte — von der langen Wartezeit in der Apotheke, dem Autounfall und schließlich von ihrem Anruf bei Jean-Claude. »Ich finde es komisch, daß er bis jetzt nicht zurückgerufen hat«, schloß sie. »Glaubst du, er ist furchtbar sauer auf mich, weil ich ihn versetzt habe?«

Jessica hielt den Blick starr auf eine Stelle auf dem gefliesten Boden geheftet. »Aber so tragisch ist das doch gar nicht, oder? Ich meine, so verrückt warst du doch eigentlich gar nicht nach dem Typ, stimmt's?« Sie traute sich immer noch nicht, Elizabeth ins Gesicht zu sehen.

»Ich habe ihn doch gerade erst kennengelernt«, antwortete Elizabeth. »Aber er schien sehr nett zu sein.«

»Aber nicht gerade umwerfend«, bohrte Jessica weiter, inzwischen ein wenig dreister.

»Na ja, so gut kann ich das nicht beurteilen. Wir waren ja nur ein paar Stunden zusammen.«

Ein paar Stunden? Jessica hatte schon nach ein paar Sekunden sehen können, was für ein einmaliger Mensch Jean-Claude war. Und nach ein paar Stunden war sie Hals über Kopf in ihn verliebt! Das bewies doch eigentlich, daß alles so hatte kommen müssen. Er und Jessica waren sich durch eine Fügung des Schicksals begegnet. Jessica machte einen weiteren Vorstoß.

»Liz, das heißt doch, daß du nicht restlos begeistert warst. Jedenfalls war es nicht Liebe auf den ersten Blick.«

»Nein, das kann man wirklich nicht sagen. Aber warum fragst du mich so aus?«

Jessica ging nicht auf die Frage ihrer Schwester ein, sondern verfolgte weiter ihre Taktik. »Ich meine, so irrsinnig gut hast du ihn doch gar nicht gefunden. Es war nicht so, daß du unbedingt mit ihm zusammensein wolltest.« Damit beschrieb sie ihre eigenen Gefühle für Jean-Claude.

»Nein, ich glaube nicht«, antwortete Elizabeth, aber bevor sie noch mehr sagen konnte, wurde sie vom Klingeln des Telefons unterbrochen. »Wenn man vom Teufel spricht … Vielleicht ist er das ja.« Sie wollte von der Couch aufstehen.

Wie der Blitz war Jessica aufgesprungen. »Laß nur, Liz, ich gehe schon 'ran.« Sie zischte an ihrer Schwester vorbei, lief in die Küche und nahm den Hörer ab. »*Allô?*« meldete sie sich.

Wie sie es sich gedacht hatte, ertönte am anderen Ende der Leitung Jean-Claudes Stimme. »Elizabeth?« fragte er.

»Ja«, erwiderte Jessica. Sie drehte sich um und sah das enttäuschte Gesicht ihrer Schwester. Na ja, sie wird schon darüber hinwegkommen, tröstete Jessica sich. Hatte Elizabeth nicht eben selbst gesagt, daß sie nicht in Jean-Claude verliebt war? Jessica dagegen bekam allein schon bei dem Klang seiner Stimme weiche Knie.

»Hier ist Jean-Claude«, meldete er sich.

»Ich weiß«, antwortete sie. »Vermißt du mich etwa schon?« neckte sie ihn.

»Ehrlich gesagt, ja. Aber ich rufe dich aus einem anderen Grund an. Unsere Haushälterin hat mir gesagt, du hättest hier angerufen und ausgerichtet, du wolltest dich dafür entschuldigen, daß du heute nachmittag nicht zu Hause warst. Das begreife ich nicht.«

Jessica dämpfte ihre Stimme, damit Elizabeth sie nicht hören konnte. »Ich auch nicht, Jean-Claude. Ich habe überhaupt nicht bei euch angerufen. Wie denn auch? Schließlich waren wir den ganzen Nachmittag zusammen.«

Am anderen Ende war es für kurze Zeit still. »Ich verstehe es einfach nicht. Wahrscheinlich hat Jacqueline die Nachricht nicht richtig verstanden.«

»Bestimmt.«

»Also gut, dann sehen wir uns morgen. Gute Nacht, Elizabeth.«

»Gute Nacht, Jean-Claude«, antwortete Jessica. Sie legte auf und ging zurück ins Wohnzimmer.

Elizabeth blätterte in einer Ausgabe der *Elle*, der französischen Version von *Mademoiselle*. Als Jessica wieder hereinkam, sah sie auf. »Marc?« fragte sie.

»Hmm.« Jessica nickte, antwortete aber nicht eindeutig mit ja.

»Oh«, meinte Elizabeth entmutigt. »Ich werde

wohl kaum noch etwas von Jean-Claude hören. Eigentlich überrascht mich das. Ich hätte ihn für höflicher gehalten.«

»Vielleicht ist er es gar nicht wert, daß du dir seinetwegen weiter den Kopf zerbrichst«, gab Jessica zu bedenken. Wenn sich ihre Zwillingsschwester Jean-Claude erst ganz und gar aus dem Kopf geschlagen hatte, konnte Jessica getrost ihre Gewissensbisse vergessen und das Zusammensein mit Jean-Claude voll genießen.

»Du hast recht, Jessie. Ich versuche, seinetwegen keine schlaflosen Nächte zu haben. Das verspreche ich dir.«

Jessica grinste erleichtert. »Genau das wollte ich hören.«

An diesem Abend erwähnten sie Jean-Claude mit keinem einzigen Wort mehr.

11 Die Morgensonne schien hell auf den Balkon. Die Luft duftete süß, und in den Bäumen, die den Hügel bedeckten, zwitscherten die Vögel. Es war ein herrlicher Tag. Doch Elizabeth hätte sich viel mehr daran freuen können, hätte sie sich nicht so allein gefühlt. Cannes lag einladend vor ihr, aber sie hatte niemanden, mit dem sie die Stadt gemeinsam erleben konnte.

Um sich zu trösten, stellte sie sich vor, daß Jeffrey jetzt hier wäre und daß sie gemeinsam diese Austauschreise unternommen hätten. Sie malte sich aus, wie sie zusammen in einem Straßencafé saßen und Kaffee tranken, bei Sonnenuntergang an der Bucht spazierengingen und Hand in Hand die Sehenswürdigkeiten betrachteten.

Das heißt, eigentlich wollte sie gar nicht unbedingt mit Jeffrey hier zusammen sein. Sie wünschte sich einfach nur jemanden, mit dem sie das alles teilen konnte — die Schönheit der Umgebung, das Abenteuer, in einem fremden Land zu sein.

Jessica war wieder mit ihrem neuen Freund unterwegs, und René hatte Elizabeth deutlich genug gezeigt, daß er mit ihr nichts zu tun haben wollte. Vom Balkon aus konnte sie ihn auf dem Rasen liegen und Zeitung lesen sehen. Eigentlich hatten sie und René einiges gemeinsam. Er las viel, joggte jeden

149

Morgen seine Runde und schien es zu genießen, hin und wieder mit sich allein zu sein. Aber sie konnte nichts gegen die Abneigung ausrichten, die er gegen sie hegte. Es war einfach ungerecht.

Und gerade, als sie meinte, sich mit jemandem angefreundet zu haben, ließ Jean-Claude sie sitzen, weil sie ein bißchen zu spät zu der Verabredung mit ihm gekommen war. Was war eigentlich los mit diesen französischen Jungen?

Elizabeth stieß ein kurzes Lachen aus. Jetzt fing sie schon an, wie René zu denken. Es hatte ja nichts damit zu tun, daß René oder Jean-Claude Franzosen waren. Sie hatte bis jetzt einfach nur ein bißchen Pech gehabt. Auf keinen Fall wollte sie sich dadurch die Laune oder gar die ganzen Ferien verderben lassen. Es gab so vieles, das sie auch allein unternehmen konnte. Schließlich wußte sie jetzt, wie sie mit dem Bus ins Zentrum von Cannes kommen konnte.

Sie würde sich im Festival an einen Tisch setzen und schreiben. Schon immer hatte sie heimlich davon geträumt, als Schriftstellerin in Frankreich zu leben. So viele große Autoren hatten dort gelebt und gearbeitet. Zu Mittag würde sie in einem der kleinen Restaurants direkt am Wasser essen. Und am Nachmittag würde sie endlich an den Strand gehen und im Mittelmeer baden. Es gab keinen Grund abzuwarten, bis jemand sie dorthin mitnahm.

Energisch beschloß Elizabeth, sich trotz allem einen schönen Tag zu machen. Sie ging in ihr Zimmer, um sich fertig zu machen. René konnte ihretwegen auf dem Rasen bleiben, bis er Wurzeln schlug, und Jean-Claude — wie es Jessica am vorigen Abend schon so richtig gesagt hatte — war es nicht wert, daß man sich seinetwegen Kopfzerbrechen machte. Wo immer er auch sein mochte.

»Hi, Jean-Claude.« Jessica stand in ihrer weißen, hellblau abgesetzten Tenniskleidung vor der Haustür der Gräfin. »Bist du fertig?« Sie schwang ihren Tennisschläger, stolz darauf, daß sie die Villa so mühelos gefunden hatte. Die erste Person, die sie in der Nachbarschaft angesprochen hatte, hatte ihr den Weg beschreiben können.

»Man kann es gar nicht verfehlen«, hatte der Mann gesagt.

Jessica fand, daß er nicht übertrieben hatte. Es war eines der prachtvollsten Häuser, die Jessica je gesehen hatte. Es war größer als das von Lillian Fowler oder Bruce Patman und schöner und eindrucksvoller als beide zusammen. Der makellos gepflegte Park verschlug Jessica die Sprache.

Aber sie hatte Villa und Park gleich wieder vergessen, nachdem ihr Jean-Claude die Tür geöffnet hatte. Jetzt nahm er sie in die Arme und küßte sie fest auf den Mund. »Klar, ich bin fertig«, antwortete er. Er holte seinen Tennisschläger aus der Eingangshalle und steckte seine Wagenschlüssel in die Tasche seiner Shorts.

»Übrigens, Großmutter mußte an einer Versammlung wegen des nächsten Filmfestivals teilnehmen, aber sie hat mich gebeten, dir zu sagen, daß sie dich gern gesehen hätte und daß sie hofft, bald wieder von dir besucht zu werden.«

»Oh, hm, gern.« Jessica war erleichtert, daß die alte Dame nicht zu Hause war. Plauderstündchen mit Erwachsenen waren eher Elizabeths Sache. Aber wenn Jean-Claude annahm, daß sie und seine Großmutter gute Freunde waren, mußte sie wohl mitspielen. »Sag ihr, daß es mir auch leid tut, sie nicht gesehen zu haben.«

»Gern, obwohl es mir persönlich gar nicht so leid tut, daß sie fort ist. Auf diese Weise habe ich mehr Zeit für dich.« Jean-Claude streichelte Jessicas Wange mit den Fingerspitzen.

Jessica fühlte sich von seiner Berührung wie elektrisiert. Es erschien ihr so wichtig, mit Jean-Claude zusammen zu sein. Selbst die kleine Geste, wie er ihr Gesicht streichelte, hatte einen ganz besonderen Zauber. Sie legte ihre Hand auf seine.

Dann stellte sie sich auf die Zehenspitzen, beugte sich vor, und wieder küßten sie sich lang und innig. Als sie sich voneinander lösten, blickte Jean-Claude ihr tief in die Augen und lächelte sie warm und vertraut an. Jessica war überzeugt, einen weiteren wundervollen Tag vor sich zu haben.

Später, am selben Tag, stieg Elizabeth aus dem Bus und erklomm den Hügel zum Haus der Glizes. Zu ihrer eigenen Überraschung war es wirklich ein schöner Tag gewesen. Und dazu hatte sie nichts weiter zu tun brauchen, als hinauszugehen und etwas auf eigene Faust zu unternehmen. Zwar hätte sie nichts dagegen gehabt, mit Freunden zusammen zu sein, aber es lag auch ein gewisser Reiz darin, sich allein zurechtzufinden, und sie fand, daß sie ihre Sache gut gemacht hatte. Sie war richtig stolz auf sich.

Am Vormittag war sie am Hafen herumgelaufen, hatte den Fischern bei der Arbeit zugesehen und die sagenhaften Jachten bewundert, von denen manche so groß oder noch größer als ihr Haus in Sweet Valley zu sein schienen. An Deck von einem der größten Schiffe hatte eine Frau, die nichts weiter trug als einen winzigen Bikini und jede Menge Goldschmuck, mit einigen Freunden gefeiert, ohne sich im geringsten an den neugierigen Blicken der vielen Passanten zu stören.

Am anderen Ende der Docks hatte ein Pantomime eine Ansammlung von Touristen unterhalten. Elizabeth hatte einige Minuten lang zugeschaut, eine Franc-Münze in den Hut geworfen, den der Mann herumgereicht hatte, und war dann zu dem nahen Blumenmarkt hinübergegangen. Dort hatte sie mit einigen der Verkäufer gesprochen und die französischen Namen für ein ganzes Spektrum von Blumen und Pflanzen gelernt. Später hatte sie im Festival bei einer Tasse Kaffee an alle ihre Freunde zu Hause in Sweet Valley Postkarten geschrieben und einen neuen Eintrag in ihr Tagebuch gemacht. Nach einem ausgezeichneten Mittagessen hatte sie dann einen ganzen Nachmittag lang im weißen Sand gelegen und war im Meer geschwommen.

Das Haus der Glizes kam in Sicht, und Elizabeth

machte ein paar übermütige Hüpfer. Ihre Haut war warm und prickelte noch von der Sonne. Elizabeth pfiff vor sich hin. Als sie den Vorgarten erreichte, warf sie schnell einen Blick in den Briefkasten. Vielleicht war es noch ein bißchen zu früh für einen Brief von zu Hause, aber wenn ihre Eltern sofort geschrieben hatten, konnte jetzt schon etwas für sie und Jessica angekommen sein.

Sie steckte die Hand in den Briefkasten und fühlte dort etwas. Als sie es herausholte, sah sie, daß es ein Luftpostbrief war. Super! Sie drehte ihn um, in der Erwartung, darauf die runde, gestochene Handschrift ihres Vaters oder die ausladende Schrift ihrer Mutter zu sehen. Aber sie hatte sich geirrt. Der Brief war an René adressiert. Der Umschlag trug keinen Absender, aber er war in Boston abgestempelt. Vielleicht kam er von seinem Vater. René wollte ihn bestimmt sofort haben.

Elizabeth lief ins Haus. »René?« rief sie.

»Ja? Was ist denn?« drang seine Stimme aus der Küche.

Er saß am Küchentisch und aß ein Stück Apfeltorte, das vom Vorabend übriggeblieben war. »Das hier ist für dich angekommen.« Sie legte den Brief vor ihn auf den Tisch.

René warf einen Blick darauf und verzog das Gesicht. Er nahm den Brief und warf ihn in den Abfalleimer.

»Willst du ihn denn nicht mal lesen?«

»Nein. Dadurch, daß er uns verlassen hat, hat er ein für allemal genug gesagt. Ich habe seine Briefe bis

154

jetzt nicht gelesen, und ich habe es auch in Zukunft nicht vor.« René nahm ein Messer und schnitt sich ein großes Stück von der Torte ab, dann aß er weiter. Offenbar betrachtete er die Unterhaltung als beendet.

Elizabeth setzte sich zu ihm an den Tisch. »Das ist alles, was du dazu zu sagen hast?«

René ließ das Besteck sinken und sah sie an. »Es geht dich ja wirklich nichts an, aber wenn du es unbedingt wissen willst – er schreibt mir jeden Monat. Und jeden Monat werfe ich seinen Brief ungeöffnet weg.« Renés Stimme klang tonlos.

Elizabeth fand seine Ruhe noch schlimmer, als wenn er getobt und geschrien hätte. Es mußte ihn unheimliche Mühe kosten, seine Gefühle derart unter Kontrolle zu halten, und wahrscheinlich bemühte er sich schon seit Jahren Monat für Monat darum.

Jeden Monat! dachte Elizabeth. Sie hatte sich Renés Vater als einen kalten, gleichgültigen Menschen vorgestellt, der seine Familie verlassen hatte, ohne je wieder Verbindung zu ihr aufzunehmen. Aber ein Mann, der sich die Zeit nahm, seinem Sohn jeden einzelnen Monat einen Brief zu schreiben, konnte nicht durch und durch schlecht sein. Auch diese Geschichte hatte sicherlich eine andere Seite. Ihr wurde klar, daß sie bis jetzt nur Renés Seite kennengelernt hatte.

»René, dein Vater schreibt dir wirklich jeden Monat, und du liest nicht einmal eine einzige Zeile davon? Wie willst du wissen, ob du ihm damit nicht furchtbar unrecht tust?« Sie betrachtete Renés sympathisches Gesicht mit dem kräftigen Kinn. Es blieb ausdruckslos.

»Ich weiß es eben«, antwortete er wie ein trotziges Kind.

»Woher denn?« Elizabeth ließ nicht locker.

Die Mauer, hinter der er seine Gefühle versteckte, begann zu bröckeln. »Hör mal, seit ihr hier seid, habe ich euretwegen nichts als Ärger gehabt. Ich wünschte, ihr wärt nie gekommen!« René hieb mit der Hand auf den Tisch. »Es ist schon schlimm genug, ständig eure Gegenwart ertragen zu müssen, aber wenn du dich dann auch noch in meine Privatangelegenheiten mischen mußt, mache ich nicht mehr mit!« Er sprach so laut, daß es von den Wänden widerhallte. »Ihr Amerikaner müßt wirklich das unverschämteste Volk der Welt sein, ständig in Dingen herumzuschnüffeln, die euch rein gar nichts angehen!«

Elizabeth atmete ein paarmal tief durch. Sie hatte schon ein paarmal die Geduld mit René verloren, und das hatte es auch nicht besser gemacht. Wenn sie jemals durch diese Mauer aus Wut und Verletztheit zu ihm durchdringen wollte, mußte sie unbedingt ihre Ruhe bewahren.

»René, was befürchtest du herauszufinden, wenn du diesen Brief öffnest und liest? Vielleicht, daß du mit deiner Meinung über deinen Vater nicht ganz recht hattest?« Sie sprach leise, aber eindringlich.

»Ich bin sicher, daß ich recht habe. Weswegen sollte ich mir also die Mühe machen, seinen Brief zu lesen?« René wandte seine Aufmerksamkeit wieder seinem Teller zu und machte sich über den Rest der Apfeltorte her. Mit ein paar Bissen hatte er sie verputzt.

»Wenn du dir so sicher bist, kannst du doch eigentlich nichts verlieren, wenn du ihn liest«, bemerkte Elizabeth herausfordernd.

René machte den Mund auf, schloß ihn aber gleich wieder, als fiele ihm dazu keine Antwort ein.

»Komm schon«, meinte sie leise, nahm den Brief aus dem Mülleimer und legte ihn vor René hin.

Es war ein Risiko. Elizabeth konnte nicht sicher sein, ob der Brief es wert war, gelesen zu werden, aber bei einer Rate von einem Brief pro Monat schätzte sie das Risiko relativ gering ein. Bestimmt hatte Renés Vater seine Fehler, aber wenn er sich soviel Mühe gab, mit seinem Sohn weiter in Verbindung zu bleiben, konnte er kaum ein solches Ungeheuer sein, wie René es anzunehmen schien.

»Und wenn ich ihn nun nicht aufmache? Willst du es dann etwa an meiner Stelle tun?«

»Nein. Ich weiß, daß du mir das zutraust, daß du glaubst, ich würde mich ständig in anderer Leute Angelegenheiten mischen, aber das stimmt nicht. Ich wünschte, du würdest mir das endlich glauben.« Elizabeth sprach bestimmt, aber es lag auch etwas Bittendes in ihrem Ton.

»Und du meinst, du könntest mir helfen, indem du mich etwas zu lesen zwingst, was ich nicht lesen will?« fragte René sarkastisch.

»Vielleicht.«

»Ganz schön hart. Aber ich werde diesen Brief nicht anrühren. Was willst du dagegen tun?«

Elizabeth beschloß, aufs Ganze zu gehen. Vielleicht nützte es ja nichts, aber bis jetzt hatte auch sonst nichts genützt. »René, hör dir doch selbst einmal zu. Immer, wenn es um deinen Vater geht, hörst du dich wie ein wütender kleiner Junge an. Dann bist nicht du es, der da spricht, jedenfalls nicht der René von achtzehn Jahren. Es ist das Kind, das von seinem Vater alleingelassen wurde und das schrecklich darunter leidet. Ein Erwachsener würde diesen Brief lesen, egal, ob ihm gefällt, was darin steht, oder nicht. Du mußt dich damit auseinandersetzen. Du kannst nicht ewig die Augen davor verschließen.«

Endlich hatte Elizabeth René mit ihren Worten erreicht. Er erwiderte zwar nichts, aber er schien ihr zuzuhören und über das, was sie sagte, nachzudenken.

»Komm schon«, ermunterte sie ihn. »Hör doch ruhig mal auf dein Gefühl.«

Renés Gesicht blieb ausdruckslos, aber er streckte langsam die Hand aus.

Ausgerechnet in diesem Augenblick kam Jessica zur Tür hereingerauscht. Sie war sonnenverbrannt, und offenbar war sie gerade noch schwimmen gewesen, denn ihr Haar war noch ganz naß. »Hi, Liz«, rief sie aufgekratzt. René zu grüßen, hielt sie für überflüssig.

Elizabeths Zuversicht schwand. Ihre Zwillingsschwester hätte zu keinem unpassenderen Zeitpunkt aufkreuzen können. Gerade jetzt hatte es danach ausgesehen, als hätte sie René erreicht. »Hi, Jessica«, antwortete sie zurückhaltend. Sie hoffte, ihre Schwester würde an ihrem Ton erkennen, daß sie im Moment unerwünscht war und wieder gehen.

Aber Jessica steuerte fröhlich auf den Kühlschrank zu, suchte sich einen Becher Pfirsichjoghurt aus, holte sich einen Löffel und machte es sich am Küchentisch bequem. »Mensch, war das ein toller Tag!« rief sie, während sie den Deckel von ihrem Joghurtbecher abzog. »Einfach unglaublich!«

»Ja?« Elizabeth hoffte, daß Jessica sich damit begnügen würde, ihren tollen Tag zu beschreiben, ihr Joghurt aufzuessen und dann René und sie wieder alleinzulassen.

»Weißt du überhaupt, wie irre es ist, im Mittelmeer zu baden?« Jessica seufzte zufrieden. »Also, ich finde es einfach super.«

»Hört sich ja gut an«, meinte Elizabeth zerstreut, denn sie hörte nur mit halbem Ohr zu. Ihre Aufmerksamkeit galt immer noch René. Für ihn wäre es ein so wichtiger Schritt, den Brief seines Vaters zu lesen. Sie wollte nicht, daß dieser entscheidende Moment gestört wurde.

»Es war besser als das«, fuhr Jessica fort. »Natürlich kann das unser René nicht verstehen. Ich meine, dieser große starke Junge hat solche Angst vor einem bißchen Wasser, daß er sich seit Jahren schon nicht mehr in die Nähe getraut hat. Stimmt's nicht?« Sie grinste René boshaft an.

Elizabeth war entsetzt. »Jessie, wie kannst du nur?« Sie starrte ihre Schwester an. Schließlich hatte sie ihrer Schwester Renés schreckliches Erlebnis nicht erzählt, damit sie es als Waffe gegen ihn verwandte. René mochte sich als Gastgeber unmöglich aufgeführt haben, aber Jessicas Bemerkung war unverzeihlich, und sie hätte zu keinem schlimmeren Zeitpunkt kommen können.

Renés Gesicht erstarrte. »Wer hat dir das erzählt?«

»Liz«, erwiderte Jessica ungerührt.

Elizabeth wünschte sich, der Erdboden würde sie verschlingen. Sie sah die Wut in Renés grünen Augen und den Vorwurf, was für eine neugierige und boshafte Tratschtante sie war. Er brauchte es gar nicht laut auszusprechen. Möglicherweise hatte er begonnen, zu Elizabeth Vertrauen zu fassen, bevor Jessica hereinplatzte, aber jetzt war er wieder genau an dem Punkt angelangt, wo er nur das allerschlechteste von ihr annahm.

Er schnappte sich den Brief seines Vaters und hielt ihn hoch. »Wie ich schon sagte, ich brauche ihn erst gar nicht zu lesen. Ihr Amerikaner seid alle von demselben widerwärtigen Schlag.« Er warf den Brief wieder in den Abfalleimer und stürzte aus der Küche.

Elizabeth sackte am Küchentisch zusammen und stützte den Kopf auf. »Jessica Wakefield, ich weigere mich zu glauben, was du ihm gerade angetan hast.«

»Was soll das heißen? Er hat genau das bekommen, was er verdient hat. Auf diese Gelegenheit warte ich schon, seit er uns auf der Fahrt vom Flughafen so schäbig behandelt hat«, sagte Jessica mit einem Anflug von Triumph. »Und jetzt hat sie sich endlich ergeben. Hast du gesehen, was für ein Gesicht er gemacht hat?«

Elizabeth warf ihrer Zwillingsschwester einen mörderischen Blick zu.

Jessica ließ sich davon nicht beirren. »Sieh mal, Liz, zu dir ist er ja noch viel schlimmer gewesen als zu mir. Eigentlich solltest du mir jetzt dankbar sein.« Sie erwiderte Elizabeths Blick. »Übrigens, was ist überhaupt mit diesem Brief?« Sie stand auf und langte in den Mülleimer.

Elizabeth sprang auch auf und riß ihrer Schwester den Brief aus der Hand. »Jessica, das geht dich nichts an.«

»Ach, komm schon, Liz.«

»Nein!« erklärte Elizabeth unnachgiebig.

Jessica kniff die Augen zusammen. »Ich weiß wirklich nicht, was mit dir los ist. Ich bin in der besten Laune hier angekommen, und du tust alles, um mich fertigzumachen. Du kannst dir gratulieren − meine gute Laune hast du mir verdorben!« Sie stürmte zur Küche hinaus.

An der Tür machte sie noch einmal kehrt. »Und was ich dir noch sagen wollte: Rechne bloß nicht mit meiner Hilfe, wenn René das nächste Mal auf dir herumhackt. Wenn du einen solchen Knallkopf in Schutz nimmst, mußt du allein zusehen, wie du mit ihm fertig wirst.« Jessica rauschte zum zweiten Mal hinaus. Diesmal endgültig.

Elizabeth starrte auf den Brief in ihrer Hand. Diese Sache beschäftigte sie weitaus mehr als die Schau, die ihre Schwester gerade abgezogen hatte. Sie war so nahe daran gewesen, René zu helfen. Aber »beinah« zählte hier nicht. Ganz im Gegenteil, jetzt schien alles noch schlimmer zu sein, als wenn sie gar keinen Versuch unternommen hätte.

12 »David, das ist Ferney. Ferney, ich möchte dir meinen Freund David vorstellen. Er ist für ein paar Tage hier zu Besuch«, erklärte Steven Wakefield. »David gehört an meinem College zu den besten in Französisch«, fuhr er fort. »Ich dachte, vielleicht könnte er uns ein wenig helfen, indem er für uns dolmetscht.«

Natürlich verstand Ferney kein Wort. David trat vor und schüttelte ihr die Hand, während er ihr gleichzeitig übersetzte, was Steven gerade gesagt hatte.

»Ah, *très bien*.« Sie kicherte. »*Je suis très contente*.«

»Sie sagt, daß sie die Idee sehr gut findet«, übersetzte David. Dann schüttelte er den Kopf. »Mensch, ich kann mir nicht vorstellen, wie ihr zwei euch bis jetzt überhaupt verständigt habt.«

Steven lachte. »Es war einfacher, als du glaubst. Wir sind halt auf derselben Wellenlänge.« Er lächelte Ferney an, deren rotblonde Locken zu einem Seitenpferdeschwanz gebunden waren. Echt französisch, dachte er. Ferney lächelte zurück.

»Steven, sie sieht wirklich gut aus. Das gebe ich ja zu. Aber dieselbe Wellenlänge ersetzt noch lange keine Sprache. Wie willst du wissen, wie sie wirklich ist? Oder umgekehrt?«

»Wir haben da unsere Methode. Beispielsweise

162

weiß ich, daß sie später Wissenschaftlerin werden will. Frag sie doch selbst mal«, schlug Steven vor.

»Gern.« David wandte sich an Ferney und fing an zu sprechen. Sie antwortete. David fügte noch etwas hinzu.

Steven folgte dem Klang ihrer Stimmen, ohne ein einziges Wort von der Unterhaltung zu verstehen. Aber es entging ihm nicht, daß David ein wenig irritiert die Stirn runzelte.

»Was ist denn?« fragte Steven.

»Anscheinend hast du dich geirrt. Die naturwissenschaftlichen Fächer sind ihr zwar in der Schule am liebsten, aber sie sagt, sie habe nicht vor, später einmal Wissenschaftlerin zu werden. Es macht ihr einfach Spaß, im Labor herumzuexperimentieren, zuzusehen, wie sich chemische Substanzen verfärben, die Kalorienzahl verschiedener Lebensmittel zu bestimmen, Dinge unter dem Mikroskop zu betrachten. Es ist für sie aufregender, als am Pult zu sitzen und sich stundenlang das Gelaber der Lehrer anzuhören. Sie hat mir erzählt, sie hätte irgendein Experiment mit einer neuen Lippenstiftfarbe gemacht. Willst du es hören?«

Steven war ein wenig enttäuscht. »Hm, nein. Nein, vielen Dank.« Er mußte an Tricias Ernsthaftigkeit denken, mit der sie immer über die vielen Möglichkeiten der Wissenschaft, Gutes zu tun, gesprochen hatte. Nun ja. Steven versuchte, seine Enttäuschung herunterzuschlucken. Schließlich konnte er nicht erwarten, daß Ferney und Tricia in allem genau gleich waren.

Er zuckte mit den Schultern. »Jedem das Seine«, bemerkte er zu David. »Frag sie doch mal, wie es ihr in Sweet Valley gefällt.«

Wieder wartete er, während David und Ferney miteinander sprachen.

»Sie sagt, daß es ihr hier sehr gut gefällt«, gab David weiter. »Sie hat sich mit einem der anderen Austauschschüler aus Frankreich für morgen mittag zum Essen verabredet. Sie wollen in diese neue Crêperie drüben in Estrella Beach gehen.«

»Crêpes? Will sie denn nicht lieber etwas versuchen, was es in Frankreich nicht gibt?« fragte Steven.

David übersetzte. Ferney kicherte und antwortete etwas auf Französisch. »Sie mag halt Crêpes«, erklärte David.

»Oh.« Steven wurde immer kleinlauter. In jeder Antwort hoffte er, etwas von Tricias Intelligenz und Reife wiederzufinden, aber er hoffte vergeblich. Vielleicht stellte er einfach die falschen Fragen. Wenn er sie nach dem Buch fragte, das er sie am vorigen Abend hatte lesen sehen, lenkte er die Unterhaltung damit möglicherweise in interessantere Bahnen. Sie hatte in »*La cantatrice chauve*« (»Die kahle Sängerin«) geschmökert, einem Stück des berühmten Bühnenschriftstellers Ionesco. Steven hatte die englische Ausgabe davon im letzten Semester am College in seinem Seminar über modernes Theater gelesen, und er war davon begeistert gewesen.

»David, Ferney liest gerade ›*Die kahlte Sängerin*‹«, erzählte Steven.

»Oh, Ionesco? Er ist super, findest du nicht auch?«

bemerkte David. »›Die kahle Sängerin‹ ist ein unheimlich witziges Stück.« Er wandte sich an Ferney und begann wieder zu sprechen. Als sie ihm antwortete, sah Steven ihn wieder die Stirn runzeln.

»Sie liest es nur, weil sie darüber einen Aufsatz für die Schule schreiben muß«, sagte David. »Modezeitschriften sind ihr lieber.«

Es entstand ein vielsagendes Schweigen im Wohnzimmer der Wakefields. Steven hatte Angst, Ferney durch David noch weitere Fragen zu stellen. Ihre Antworten waren ganz und gar nicht das, was er erwartet hatte. Er klatschte in die Hände. »Hört mal, was haltet ihr davon, wenn wir uns jetzt alle Badesachen anziehen und im Swimming-pool schwimmen gehen?« Er und Ferney waren so gut miteinander ausgekommen, ohne zu sprechen. Vielleicht war es falsch, am Anfang gleich zu übertreiben.

David schien erleichtert zu sein. »Ich finde die Idee großartig. Ferney? *On va nager?* Gehen wir schwimmen?«

Sie nickte, offenbar begeistert von dem Vorschlag.

»Schön«, meinte Steven. »Worauf warten wir dann noch?« Nach außenhin wirkte er ganz fröhlich, aber in seinem Innern begannen Zweifel an Ferney zu keimen. Vielleicht lag das Problem in dem Versuch, sich mit ihr über David als Mittelsmann zu unterhalten. Schließlich war das nicht die natürlichste Art, miteinander zu sprechen. Aber zum erstenmal seit ihrer Ankunft dämmerte es Steven, daß seine Eltern vielleicht doch recht hatten mit dem, was sie ihm schon die ganze Zeit zu sagen versuchten. Möglicherweise war die Ferney, die ihn so sehr begeisterte, nur ein Produkt seiner Einbildungskraft. Und jetzt, wo David da war, mußte er wohl die echte Ferney kennenlernen.

Steven hatte es für eine sehr gute Idee gehalten, seinen Freund für ein paar Tage einzuladen. Er hatte sich davon versprochen, Ferney näher zu kommen. Aber jetzt war er sich nicht mehr so sicher, ob das richtig gewesen war.

Auch Avery Glize mußte sich einen Irrtum eingestehen, und sie entschuldigte sich bei Elizabeth dafür.

»Es ist mir schrecklich peinlich, daß René so unleidlich zu euch ist. Weißt du, es hatte so ausgesehen, als wäre er endlich über seine Abneigung gegen Amerikaner hinweggekommen, und ich hatte gedacht, euer Besuch bei uns könnte ein letzter Schritt sein. Ich hatte mir vorgestellt, daß es ihm wirklich Spaß machen könnte, euch hier zu haben.« Avery schüttelte den Kopf. »Ich hatte leider nicht damit gerechnet, daß es für ihn ein gewaltiger Rückschritt sein oder daß er euch so kränken würde.« Sie sah Elizabeth traurig an.

Elizabeth hatte nicht vorgehabt, Avery von dem Vorfall mit René zu erzählen. Aber offenbar hatte René seiner Mutter gegenüber irgendeine Andeutung gemacht, die in ihr den Verdacht erweckt hatte, daß etwas Unangenehmes vorgefallen war. Nach dem Abendessen hatte sie Elizabeth beiseite genommen und sie danach gefragt, und Elizabeth hatte ihr schließlich eine möglichst unparteiische Darstellung davon gegeben, was ein paar Stunden zuvor passiert war.

Avery konnte sich gar nicht genug entschuldigen. »Hoffentlich kannst du mir verzeihen, Elizabeth. Ich wollte so sehr, daß ihr schöne Ferien hier in Cannes habt«, sagte sie. »Das Ganze ist mir entsetzlich peinlich. Ich hätte wissen müssen, was geschehen würde.«

»Machen Sie sich doch keine Vorwürfe. Ich weiß ja, daß Sie für alle nur das Beste wollten. Und meinetwegen brauchen Sie sich wirklich keine Gedanken zu machen. Ehrlich. Ich hatte ansonsten nämlich einen sehr schönen Tag«, versicherte Elizabeth ihr. »Ich hoffe nur, daß es René durch meine Schuld jetzt nicht noch schlechter geht. Wahrscheinlich hätte ich ihn erst gar nicht ermuntern sollen, diesen Brief zu lesen.«

»Elizabeth, du hast nur getan, was ich auch schon hundertmal versucht habe. Jedesmal, wenn ein solcher Luftpostbrief kommt, dränge ich René, seinem Vater doch noch eine Chance zu geben.« Avery setzte sich auf das kleine Sofa in der Eingangshalle, wo sie hingegangen waren, um ungestört miteinander sprechen zu können.

»Gordon, Renés Vater, hat unverzeihlich und verantwortungslos gehandelt, als er seine Kinder verließ. Ich wäre die Letzte, die das bestreiten würde. Aber man darf nicht ihm allein die Schuld geben. Wir waren noch so jung, als wir uns kennenlernten, und so unvernünftig«, vertraute sie Elizabeth an. »Bevor wir richtig wußten, wie uns geschah, waren wir verheiratet und hatten zwei Kinder. Wir sind in etwas hineingestolpert, das wir uns besser vorher in aller Gründlichkeit überlegt hätten. Aber das wußten wir damals nicht. Wir waren ja selbst fast noch Kinder. Kaum älter, als René oder du es heute seid.« In ihren Augen schimmerten Tränen. »Die Verantwortung war viel zu groß für uns. Weder er noch ich waren in der Lage, damit fertigzuwerden. Wir fingen an, uns zu streiten, uns gegenseitig die Schuld zuzuschieben. Ich glaube, zum Schluß waren wir beide der Meinung, es so nicht länger aushalten zu können.«

»Und dann ist Ihr Mann einfach — einfach so weggegangen?« Elizabeth war selber den Tränen nahe.

Avery nickte. »Damals schwor ich mir, nie wieder etwas mit ihm zu tun haben zu wollen und ihn nie wieder in die Nähe meiner Kinder zu lassen. Ich fand, er verdiente ihre Liebe nicht.« Sie hielt inne. »Gordon hatte ein paar wilde Jahre, nachdem er uns verlassen hatte. Aber, Elizabeth, irgendwann wird jeder mal erwachsen. Und jeder kann sich ändern. Vor Jahren schon ist er zur Ruhe gekommen und zu dem verantwortungsvollen Menschen geworden, der er im Grunde seines Herzens schon war, als wir heirateten. Ich glaube, ich habe diese Seite an ihm immer gespürt, sonst hätte ich mich auch wohl niemals mit ihm eingelassen. Aber leider ist diese Eigenschaft zu spät zum Vorschein gekommen. Zu spät für mich jedenfalls.«

Eine Weile schwieg Avery ganz gedankenverloren. »Aber ich glaube, jetzt bin ich abgeschweift«, fuhr sie dann fort. »Ich wollte sagen, daß es zwar für Gordon und mich zu spät ist, aber nicht für ihn und seine Kinder. Oh, lange Zeit habe ich mich mit Händen und Füßen dagegen gesträubt, es wieder zu einer Begegnung zwischen ihnen kommen zu lassen, aber als er anfing, uns so regelmäßig zu schreiben und als seine Briefe so warm und herzlich waren, wurde mir klar, daß ich kein Recht hatte, meinen Kindern die Liebe ihres Vaters vorzuenthalten. Er bemühte sich so sehr um sie, daß ich nicht länger an einem Groll festhalten konnte, der uns allen nur wehtat.«

Averys Stimme wurde unsicher. »Aber mittlerweile hatte ich auf René soviel Wut und Haß auf seinen Vater übertragen, daß ihm der bloße Gedanke an einen Kontakt mit ihm unerträglich war. Ferney war zu klein gewesen, um sich noch an die schmerzhafte Trennung von Gordon erinnern zu können, also hatte sie es viel einfacher. Sie schreiben sich ziemlich oft und verbringen auch hin und wieder die Ferien miteinander. Weißt du, daß sie auf dem Rückweg von Sweet Valley in Cambridge haltmachen wird, um ihren Vater zu besuchen?«

»Nein, das wußte ich nicht«, meinte Elizabeth leise.

»Ja. Gordon und seine jetzige Frau haben ein kleines Töchterchen. Die Halbschwester meiner Kinder. Ihr Vater wünscht sich so sehr, daß sie sich alle wie eine Familie fühlen. Er will René auf keinen Fall aufgeben. Bevor Gordon fortging, hatten sie ein so gutes Verhältnis gehabt. Er hat ihm Hunderte Briefe und Postkarten geschrieben. Auch seine Frau hat geschrieben. Sie scheint wirklich sehr nett zu sein.

Aber René ist so verbohrt, daß er sich weigert, auch nur ein einziges Wort zu lesen.«

»Ich kann ihn verstehen«, meinte Elizabeth nachdenklich. »Wenn er die Briefe liest, wird das alte Wunden in ihm aufreißen.«

»Das stimmt natürlich. Elizabeth, du bist ein sehr kluges, sensibles Mädchen. Mein Sohn sollte froh sein, dich bei uns zu Gast zu haben.« Avery tätschelte ihr den Arm. »Gut zuhören kannst du auch. Wenn jemand René zeigen kann, wie falsch seine Meinung über die Amerikaner ist, dann bist du es.«

»Ich wünschte, ich könnte es. Ich wollte so gern, daß René und ich Freunde werden, aber es hat nicht geklappt. Er ist nun mal entschlossen, mich nicht zu mögen. Meistens sieht er mich nicht mal an, aber wenn er es doch tut, ist es nur noch schlimmer. Dann funkelt er mich nur ganz wütend an.«

»Ach, Elizabeth, laß dich bitte nicht entmutigen. Mein Sohn ist von seinem Vater sehr verletzt worden. Er ist wütend, durcheinander und völlig verbittert, wenn er daran denkt, was geschehen ist. Aber er hat auch so viele guten Seiten. Wenn er sich dir gegenüber nur öffnen würde, könntest du das auch sehen.«

Elizabeth nickte. »Ich glaube, hin und wieder habe ich es ganz kurz gesehen, wenn er sich mal nicht hinter seinem Schutzschild versteckt hat oder wenn er sich unbeobachtet glaubt. Aber ich fürchte, ich erinnere ihn zu sehr an das, woran er nicht mehr denken will. Avery, für ihn wird es besser sein, wenn meine Ferien hier zu Ende sind.«

»Vielleicht«, erwiderte Avery traurig.

Viel mehr blieb nicht zu sagen. René machte kein Geheimnis daraus, daß er seinen Vater als Feind betrachtete. Und weil Elizabeth und Jessica zufällig dieselbe Nationalität hatten, betrachtete René auch sie als seine Feinde. Das war zwar unvernünftig, aber heftige Gefühle haben selten etwas mit Vernunft zu tun. Sie können einen Menschen unkontrolliert dahin oder dorthin treiben, wie einen Zweig in einem reißenden Strom.

Avery nahm sich zusammen und stand auf. »Na ja, zum Glück hat wenigstens eins meiner Kinder seinen Vater wieder«, sagte sie mehr zu sich selbst als zu Elizabeth. »Dafür sollte ich dankbar sein. Um Ferneys willen sollte ich dankbar sein.«

Elizabeth nickte. Aber der Gedanke an Ferney war für sie längst nicht so tröstlich wie für Avery. Tatsächlich war Ferney für Elizabeth noch ein weiterer Grund zur Sorge. Sie ähnelte Tricia Martin viel zu sehr, um Steven unberührt zu lassen. Elizabeth fragte sich, ob die Anwesenheit der Französin in Sweet Valley genauso viele Probleme verursachte wie der Aufenthalt der Zwillinge in Cannes.

Elizabeth hoffte inständig, daß dies nicht der Fall war.

»Ich komme mir total idiotisch vor«, sagte Steven. Verlegen rührte er mit seinem Strohhalm in dem Schoko-Shake. »Ich war so sehr von ihrem Äußeren beeindruckt, daß ich für alles andere an ihr völlig blind war.« Er und David saßen sich an einem der hinteren Tische im Dairi Burger gegenüber.

»Steven, das hätte doch jedem passieren können. Tricia hat dir soviel bedeutet. Deswegen ist es ganz verständlich, wie du reagiert hast«, erwiderte David. »Außerdem siehst du der Wahrheit jetzt ins Gesicht. Und das zählt schließlich.«

»Dank deiner Hilfe«, bemerkte Steven. »Wenn du nicht dagewesen wärst, um mir zu übersetzen, was sie sagte, hätte ich mir wohl für den Rest ihres Besuchs eingeredet, einen ganz anderen Menschen vor mir zu haben. Ist das nicht komisch? Ich brauchte mich nur einen Tag lang mal richtig mit ihr zu verständigen, um herauszufinden, daß Ferney, na ja, wohl noch sehr jung ist. Daß sie noch nicht soviel Tiefgang hat. Ich meine, wenn sie mal älter ist, wird sie bestimmt ein ganz netter Mensch, aber im Moment finde ich sie doch noch reichlich kindisch.« Es war ihm richtig peinlich, das auszusprechen, was allen außer ihm selbst ganz klar gewesen war.

»Du meinst also, daß ihr zwei nichts miteinander gemeinsam habt«, stellte David fest.

»Genau. Nicht so, wie es bei Tricia war.« Steven senkte die Stimme. »Oder bei Cara.« Da! Endlich hatte er es ausgesprochen. Das war es, was ihm wirklich Kummer machte. Cara war bei der ganzen Sache diejenige, die zu leiden hatte. Er war viel zu sehr mit seinen eigenen Gefühlen beschäftigt gewesen, als daß er sich darum gekümmert hätte, wie Cara zumute sein mußte.

»Weißt du, David«, fuhr er fort, »als ich Cara kennengelernt habe, hatte sie eine ganze Menge mit Ferney gemeinsam. Sie war mehr an ihrem persönlichen Vergnügen interessiert, nicht so sehr an ihren Mitmenschen. Sie war einfach weniger erwachsen als heute, glaube ich. Aber sie hat einen langen Weg hinter sich. Charakterlich hat sie jetzt viel mehr Ähnlichkeit mit Tricia, auch wenn sie ganz anders aussieht. Außerdem ist sie auf ihre eigene Weise auch sehr schön.« Er hielt inne und stellte sich Caras Gesicht vor. »Und ob sie schön ist«, fügte er leise hinzu. »Und sie ist ein so lieber Mensch.«

»Steven, du wirst ihr sagen müssen, daß sie es ist, die du wirklich willst«, sagte David.

Steven trank an seinem Shake. »Wenn sie überhaupt noch etwas mit mir zu tun haben will. So, wie ich mich verhalten habe, könnte ich es ihr nicht mal übelnehmen, wenn sie kein Wort mehr mit mir sprechen würde.« Er erinnerte sich noch sehr gut an ihren Gesichtsausdruck, als sie ihn mit Ferney bei Guido's gesehen hatte. Sie hatte nicht mal wütend gewirkt, sondern eher ungeheuer verletzt. Das hatte sie wirklich nicht verdient. Wenn überhaupt jemand zu leiden verdient hatte, dann er selbst. Schließlich war er für alles verantwortlich. »David, ich finde es ganz abscheulich, was ich getan habe. Ich habe mich wie ein verzogenes, selbstsüchtiges Kind verhalten. Und das auf Caras Kosten.«

»Steven, mit Selbstvorwürfen machst du es auch nicht besser«, gab David zu bedenken. »Du kannst nur zu Cara gehen und ihr klarmachen, was du wirklich empfindest.«

Steven nickte. »Du hast recht. Vielleicht verzeiht sie mir ja nie, aber ich muß es zumindest versuchen. Und so wie es aussieht, kann ich dabei sowieso nichts mehr verlieren, oder?«

13 Elizabeths Ferien waren genau zur Hälfte um. Sie saß allein auf ihrem Balkon und las, als sie es unten an der Haustür klingeln hörte. Sie legte ein Lesezeichen ein, klappte ihr Buch zu und lief die Treppe hinunter, um die schwere Holztür zu öffnen.

Draußen stand ein nicht allzu großer Junge mit krausem braunen Haar. »Jessica, sei bitte nicht böse, wenn ich dich störe«, sagte er in holprigem Englisch, »aber ich wollte fragen, ob es dir besser geht.«

»Ich bin nicht Jessica«, erwiderte Elizabeth auf Französisch. »Ich bin Elizabeth, ihre Zwillingsschwester.«

»Ach ja, sie hat mir von dir erzählt«, sagte der Junge in seiner Muttersprache, was ihm wesentlich leichter zu fallen schien. »Ich freue mich, dich kennenzulernen. Ich heiße Marc.« Er streckte ihr die Hand entgegen.

Elizabeth schüttelte sie. »Ich freu mich auch, dich kennenzulernen, aber ich fürchte, ich verstehe das alles nicht.« Sie runzelte die Stirn. »Ich dachte, Jessica und du wärt heute zusammen.«

»Soll das heißen, sie ist nicht da?« Marc sah bekümmert aus. »Aber es geht ihr doch wieder gut?« fragte er.

»Als sie vorhin weggegangen ist, ging es ihr jeden-

174

falls prima. Ich dachte, sie wollte mit dir Tennis spielen. Du hast doch gestern abend angerufen, um dich mit ihr zu verabreden, oder?«

Marc schüttelte den Kopf. »Vielleicht war es ja jemand anders«, antwortete er nachdenklich und machte ein gekränktes Gesicht.

Elizabeth fühlte, wie ihr ein unangenehmer Schauer den Rücken hinunterlief – wie immer, wenn ihre Zwillingsschwester offenbar mal wieder etwas ausgefressen hatte. Zwar hatte Jessica nicht ausdrücklich gesagt, daß sie mit Marc Tennis spielen ging, aber sie hatte eine Art, etwas anzudeuten, daß es fast genauso war, als hätte sie es ausgesprochen. Jetzt war es Elizabeth jedoch sonnenklar, daß Jessica jemanden gefunden hatte, der mehr nach ihrem Geschmack war, und so hatte sie Marc einfach fallenlassen.

Etwas Ähnliches hatte Elizabeth schon befürchtet, als Jessica ihr das erste Mal von Marc erzählt hatte. Sie erinnerte sich sogar noch daran, wie sie ihre Schwester gebeten hatte, nett zu dem armen Jungen zu sein. Aber Jessica hatte wie immer genau das getan, was ihr paßte. Und natürlich hinter Elizabeths Rücken, um keine unangenehmen Erklärungen abgeben zu müssen.

Marc tat Elizabeth aufrichtig leid. Man konnte gleich auf den ersten Blick erkennen, daß er nie im Leben Jessicas Typ war. Und doch war er eigens hierher gekommen, um zu sehen, wie es ihr ging. Diese Jessica! Es war einfach unglaublich.

Marc stand mit gesenktem Kopf da und trat unbehaglich von einem Fuß auf den anderen. »Ich wollte Jessica fragen, ob sie mit mir heute nachmittag zu einer Kunstausstellung geht. Meine Eltern haben eine Einladung, aber sie haben keine Zeit hinzugehen, und da habe ich gedacht, Jessica und ich ...« Er hielt inne. »Aber das geht wohl nicht.« Schüchtern hob er den Kopf und sah Elizabeth an. »Ich glaube ja nicht, daß – nein, schon gut.« Er winkte ab. »Also, dann will ich mal wieder gehen. Tut mir leid, daß ich dich gestört habe.«

Elizabeth betrachtete das unglückliche Gesicht des Jungen. Wie verlassen er wirkte. Für einen Augenblick konnte sie sich vollkommen in ihn hineinversetzen. Auch wenn sie gestern einen sehr schönen Tag ganz allein verbracht hatte, wollte sie in ihren Ferien nicht unbedingt lauter solche einsame Tage erleben. Impulsiv streckte sie die Hand aus, um Marc zurückzuhalten. Sie war sicher, daß er die Absicht gehabt hatte, sie zu der Ausstellung einzuladen, aber sie sah auch, wie schüchtern er war. Deswegen mußte sie den ersten Schritt tun.

»Marc, ich gehe unheimlich gern zu Kunstausstellungen«, erklärte Elizabeth. Tatsächlich konnte sie mit Kunstausstellungen viel mehr anfangen als Jessica. Aber das erzählte sie Marc natürlich nicht. Es hätte ihm nur zu deutlich gemacht, daß er und Jessica so gut zusammenpaßten wie ein Sommerkleid und Wollsocken. »Ich weiß, daß ich nicht Jessica bin«, sagte sie statt dessen nur, »aber wenn du keine Lust hast, allein hinzugehen, würde ich sehr gern mitkommen.«

Marcs Gesicht leuchtete auf. »Das fände ich unheimlich nett von dir«, erwiderte er.

»Schön! Macht es dir etwas aus, ein paar Minuten zu warten, während ich mich fertigmache?« fragte Elizabeth.

»Natürlich nicht.«

Fünf Minuten später kam Elizabeth in einem frischen, weißen Baumwollkleid mit V-Ausschnitt vorn und hinten die Treppe hinunter. Zu dem Kleid trug sie einen Schal und ein paar bunte Armreifen.

»Du siehst sehr hübsch aus«, meinte Marc, und seine Wangen wurden rosarot.

»Vielen Dank.«

Marc schien sehr nett und zuvorkommend zu sein, und obwohl Elizabeth keinerlei Absichten auf ihn hatte, freute sie sich auf den Nachmittag mit ihm. Die Eröffnung einer Kunstausstellung in Cannes stellte sie sich sehr interessant und aufregend vor. Bestimmt würde es ein toller Nachmittag werden.

Sie wollten gerade in Marcs Auto steigen, als René mit seinem Moped angebraust kam. Elizabeths Vorfreude schwand, und in ihrem Magen bildete sich ein schwerer Klumpen. René war am vorigen Abend nicht zum Essen erschienen, also hatte sie ihn nicht mehr gesehen, seit er nach ihrem Streit aus der Küche gerauscht war. Als René sie erblickte, schien die warme Luft vor Spannung zu knistern.

»Hi, René«, grüßte Elizabeth zaghaft, mit einem Bein schon in Marcs Porsche. Marc, der schon im Wagen saß, streckte den Kopf zum Seitenfenster hinaus, um René auch zu grüßen.

»Hallo, Marc.« Wenigstens zu ihm war René einigermaßen höflich. »Ach, Jessica — nanu, du bist ja Elizabeth.« Sein zynischer Ton verriet deutlich, daß sein Versprecher Absicht gewesen war. Außer Verachtung verriet sein Gesicht noch etwas, das Elizabeth nicht richtig deuten konnte. Er trat ganz nahe zu ihr, damit nur sie hören konnte, was er sagte. »Na, hast du dich herausgeputzt, um deiner Schwester den Freund auszuspannen?« fragte er geringschätzig.

»Es ist nicht ihr Freund«, flüsterte Elizabeth wütend. Sie hoffte nur, daß Marc nichts mitbekam. »Ganz im Gegenteil, Jessica versucht offenbar ...«

Nein! Schnell machte Elizabeth wieder den Mund zu. Wie konnte sie nur! Beinahe hätte sie René erklärt, daß Jessica anscheinend versuchte, Marc loszuwerden. Um sich zu rechtfertigen, hätte sie fast etwas ausgeplaudert, was René überhaupt nichts anging. Außerdem wäre sie damit ihrer eigenen Zwillingsschwester in den Rücken gefallen. Sollte René doch von ihr denken, was er wollte. Dagegen konnte Elizabeth sowieso nichts unternehmen.

Sie stieg ganz in Marcs Auto. »Tschüs, René.« Sie schloß die Wagentür. Das war das einzige Vernünftige, was sie tun konnte. Mit René zu streiten, konnte alles nur schlimmer machen. Marc, der gar nichts von dem unerfreulichen Wortwechsel zwischen Elizabeth und René mitbekommen hatte, ließ den Motor an und stieß aus der Einfahrt zurück.

Elizabeth drehte sich um und sah René durch das Rückfenster noch einmal an. Er stand mit offenem Mund da, als wollte er noch eine gehässige Bemerkung machen. Aber es war niemand mehr da, dem er sie an den Kopf werfen konnte. Einen kurzen Augenblick tat er Elizabeth fast leid. Vielleicht war sie ein bißchen zu hart mit ihm umgesprungen. Immerhin war Jessica ja wirklich als erste mit Marc zusammengewesen.

Aber Elizabeth konnte auch nicht darüber hinweggehen, wie René sie angegriffen hatte. Dafür gab es keine Entschuldigung. Sie drehte sich wieder um. Am besten ging sie René nach Möglichkeit aus dem Weg, wenn sie mit der Situation klarkommen wollte. Jedesmal, wenn sie versuchte, zu ihm durchzudringen, verschlimmerte das ihre Beziehung nur noch — wenn man eine knappe Woche in ständigem Streit überhaupt als Beziehung bezeichnen konnte. Das Vernünftigste war, Abstand zu halten. Eine andere Möglichkeit gab es eben nicht.

»Mmmm. Hier könnte ich es ewig aushalten«, murmelte Jessica und betrachtete versonnen die herrliche Umgebung. Die Insel Sainte Marguerite vor der Küste bei Cannes war einer der schönsten Plätze, den sie je gesehen hatte. Der Duft der Zypressen und Eukalyptusbäume, der über der Insel lag, mischte sich mit dem frischen, salzigen Meergeruch. In der Nähe der Stelle, wo Jessica und Jean-Claude das kleine Segelboot festgemacht hatten, mit dem sie herübergesegelt waren, befand sich ein von Quellwasser gespeister See. Zwischen den Bäumen liefen Fasane frei herum, und am Strand blühten Mandelbäume.

Jean-Claude hatte Jessica erzählt, daß es zu diesen blühenden Bäumen eine Sage gab. Er erklärte, daß die Heilige Marguerite, nach der die Insel benannt war, die Schwester des Heiligen Honorat war, des Schutzpatrons einer der Nachbarinseln. Die Insel Saint Honorat ragte ein Stück weiter von der Küste entfernt aus dem Mittelmeer. Der Sage zufolge betrieb Marguerite auf ihrer Insel ein Nonnenkloster, während ihr Bruder auf seiner Insel seine eigenen religiösen Ziele verfolgte. Frauen durften die Insel Saint Honorat nicht betreten, also mußte Marguerite immer abwarten, bis ihr Bruder zu ihr zu Besuch kam. Aber Honorat war so sehr mit seinen religiösen Aufgaben beschäftigt, daß er immer nur einmal im Jahr kommen konnte, und zwar zur Zeit der Mandelblüte. Voller Kummer, daß ihr Bruder so selten kam, betete Marguerite so inbrünstig, daß ein Mandelbaum, der an ihrem Ufer wuchs, zu blühen begann und seither nicht mehr aufgehört hat zu blühen.

Eine andere Geschichte, die Jean-Claude Jessica erzählt hatte, betraf die Festung auf der Insel. Jessica konnte die massiven Wände der Festung in der Ferne erkennen. Sie war gegen Ende des Mittelalters erbaut worden und hatte während der Renaissance als Zuchthaus gedient. In dieser Zeit beherbergte sie ihren berühmtesten Insassen, den alle die Eisenmaske nannten, weil er nie die Maske abnahm, hinter der er sein Gesicht verbarg. Niemand wußte, wer er wirklich war, aber manche mutmaßten, er sei ein illegaler Bruder Ludwigs des Vierzehnten, während andere behaupteten, er sei der Sekretär eines Grafen, der sich für den König ausgegeben hatte. Wieder andere sagten, er habe geholfen, einen der Günstlinge des Königs bei Hof zu vergiften.

Eine weitere Version über die Eisenmaske besagte, dahinter verberge sich ein Arzt, der an Ludwig dem Dreizehnten eine Autopsie vorgenommen und daraufhin in Frage gestellt habe, daß der Sonnenkönig sein Sohn und damit der rechtmäßige Thronfolger war. Wegen dieser ungeheuerlichen Erkenntnisse wurde der Arzt ins Gefängnis geworfen. Der geheimnisvolle Gefangene starb, ohne je preiszugeben, wer er war, und dank seiner Anonymität wurde er berühmter, als wenn man seine Identität gekannt hätte.

Jessica war begeistert von all den Geschichten, die Jean-Claude zu erzählen wußte. Die Eisenmaske erschien ihr wie eine Figur aus einer Abenteuergeschichte voller Helden und Schurken, und die Nähe der jahrhunderte alten Festung unterstrich diesen Eindruck noch.

Jessica fand es unglaublich romantisch, auf einer Insel zu sein, die nicht nur fürs Auge schön war, sondern die auch so viele Sagen und Geschichten zu bieten hatte. Aber das Romantischste war natürlich, daß Jean-Claude neben ihr auf dem Badelaken ausgestreckt lag, das sie ebenso mitgebracht hatten wie einen Imbiß aus frischgebackenem Brot, verschiedenen Käsesorten, mehreren Salaten und einer Flasche Wein.

Jessica fühlte sich ganz benommen, als sie Jean-Claude den bloßen Rücken streichelte, der warm und braungebrannt war von einem Tag in der Sonne. Sie glaubte, vor Glück platzen zu müssen. »Am liebsten würde ich für immer hierbleiben«, sagte sie noch einmal zu Jean-Claude.

Jean-Claude drehte sich zu ihr und küßte sie auf die Stirn. »*Moi aussi*. Ich auch.« Er küßte sie noch einmal. »Aber es sieht so aus, als ob das Wetter umschlagen würde.« Er zeigte zum Himmel. Die Sonne hatte den ganzen Tag geschienen, doch jetzt zogen Wolken auf, die von Minute zu Minute dichter und drohender wurden. »Ich möchte zurücksegeln, bevor die See zu unruhig wird«, sagte er. »Ein so kleines Boot ist für rauhes Wetter nicht geeignet.«

Jessica sah zu dem Boot hinüber. Es war kaum größer als ein Ruderboot mit einem Segel darauf. Selbst jetzt schaukelte es schon stark im leicht bewegten Wasser. »Ich glaube, du hast recht. Aber ehe wir losfahren ...« Sie zog Jean-Claude zu einem weiteren innigen Kuß an sich. Dann folgte noch ein Kuß und noch einer ...

Sie hörten erst auf, als die ersten Tropfen zu fallen begannen und der Himmel beängstigend dunkel wurde. Hastig rafften sie das Badelaken und die übrigen Sachen zusammen und liefen zu dem winzigen Segelboot, in der Hoffnung, ans Festland zu gelangen, bevor der Sturm mit ganzer Wucht losbrach.

Elizabeths Vorstellungen von der Kunstausstellung wurden nicht enttäuscht. An den hohen weißen Wänden der geräumigen Galerie hingen große, ausdrucksvolle Ölgemälde. Elegant gekleidete Männer und Frauen schlürften Champagner, während sie die abstrakten Figuren betrachteten, die in immer unterschiedlichen Farbspielen über die Leinwände zu tanzen schienen.

Das schönste an der Ausstellung war für Elizabeth jedoch, mit Veronique Bekanntschaft zu schließen. Sie war die Tochter des Künstlers und etwa im selben Alter wie Elizabeth. Genau wie Elizabeth schrieb sie gern, und schon kurze Zeit, nachdem die Mädchen miteinander ins Gespräch gekommen waren, sah es so aus, als könnten sie Freundinnen werden. Darüber hinaus waren sich Veronique und Marc auf Anhieb sympathisch gewesen. Erfreut sah Elizabeth Marc zum erstenmal richtig lächeln, seit sie ihn wegen Jessica hatte enttäuschen müssen.

Alles schien sich zum Guten zu wenden. Elizabeth hatte Marc und Veronique kennengelernt. Jessica hatte offenbar eine ganz besondere Eroberung gemacht, jedenfalls schloß das Elizabeth aus Jessicas Eile, Marc loszuwerden. Zwar hätte sie gern gewußt, mit wem sich Jessica traf, aber sie war ihrer Schwester nicht mehr so böse, daß sie Marc und sie selbst so an der Nase herumgeführt hatte. Jetzt waren alle glücklich und zufrieden. Wenn da nicht noch René gewesen wäre ...

Elizabeth runzelte die Stirn, riß sich dann aber energisch zusammen. Dieser Tag war viel zu schön, um ihn sich mit dem Gedanken an Renés Feindseligkeit zu verderben. Sie wandte ihre Aufmerksamkeit wieder den farbenfrohen Gemälden zu.

»Nun, was halten Sie davon?« fragte hinter ihr eine tiefe Stimme auf Englisch mit leichtem französischen Akzent.

Elizabeth drehte sich um und sah Veroniques Vater, den Maler, einen Mann mittleren Alters mit graumeliertem Haar und sorgfältig gestutztem Bart. »Sie betrachten die Gemälde, als wären Sie selbst Malerin.«

Elizabeth wurde rot. »Nein, das bin ich nicht, aber Ihre Bilder gefallen mir sehr gut. Die Figuren wirken — also, das hört sich vielleicht albern an, aber sie wirken, als bewegten sie sich aus eigener Kraft.«

»Das hört sich überhaupt nicht albern an. Es ist sogar ein sehr großes Kompliment. Jeder Künstler träumt davon, etwas Lebendiges zu schaffen.«

Elizabeth fand es aufregend, mit einem richtigen Künstler über sein Werk zu sprechen. Sie unterhielten sich noch ein paar Minuten. Als sie ihr Gespräch beendet hatten, schüttelte ihr Veroniques Vater die Hand. »Es war mir ein Vergnügen, mich mit Ihnen zu unterhalten, Elizabeth. Sie sind ein sehr aufgewecktes, intelligentes junges Mädchen.« Elizabeth wurde wieder rot. Was für ein toller Tag war das heute!

Als sie später an diesem Nachmittag die Tür zum Haus der Glizes aufschloß, war sie immer noch ganz aufgeregt. »Jessie? Jessica?« Sie wollte ihrer Schwester von der Ausstellung erzählen. Keine Antwort. »Hallo? Ist jemand zu Hause?« Dumpf hallten ihre Worte wider.

Elizabeth sah auf ihre Uhr. Es war schon fünf. Am Morgen hatte Jessica gesagt, sie wollte um halb vier wieder zu Hause sein. Das war wieder mal typisch. Der Vater der Zwillinge sagte immer: »Wenn ich für jedes Zuspätkommen unserer Jessie einen Dollar bekäme, wäre ich ein reicher Mann.« Elizabeth hatte

schon längst bemerkt, daß ihre Eltern elf Uhr als Zeitgrenze setzten, wenn sie wollten, daß Jessica um Mit-
ternacht nach Hause kam, um ihr eine Stunde Spiel-
raum zu geben. Natürlich war Jessica auch irgendwann dahintergekommen, so daß sie die Zeitgrenze
jetzt meistens ganz ignorierte. Sie kam nach Hause,
wenn sie Lust dazu hatte.

Elizabeth machte sich keine Sorgen, obwohl sie
sich wieder fragte, mit wem ihre Zwillingsschwester
wohl zusammen war. Aber sie war entschlossen, das
herauszufinden, sobald Jessica nach Hause kam. Und
das konnte nicht mehr allzu lange dauern.

Aber es wurde sechs Uhr, und Elizabeth war
immer noch allein im Haus. Langsam wurde sie
unruhig. Selbst Jessica verspätete sich selten um
mehr als zwei Stunden. Das Haus erschien Elizabeth
plötzlich viel zu groß, während sie von Zimmer zu
Zimmer wanderte und alle paar Minuten aus dem
Fenster sah, um nach ihrer Schwester Ausschau zu
halten. Regen klatschte von außen gegen die Schei-
ben, und der Wind heulte um das Haus. Aber niemand kam den Weg hoch.

Um halb sieben klingelte das Telefon. Elizabeth lief
hin, um abzuheben. Fast schon erwartete sie, Jessicas
Stimme zu hören, aber es meldete sich Avery am
anderen Ende. »Elizabeth, ich bin hier bei meiner
Patientin aufgehalten worden. Eigentlich wollte ich
gegen acht Uhr zu Hause sein, aber ich rufe an, damit
ihr mit dem Essen nicht auf mich wartet. Im Kühlschrank ist noch Huhn, das nur aufgewärmt zu werden braucht, und Kartoffelgratin in einer Kasserole.
Das braucht ihr bloß in den Backofen zu schieben.«

»Schön. Ich kann gern das Essen machen, aber weder Jessica noch René sind schon zu Hause.«

»Nein? Na ja, René dürfte bald heimkommen. Er weiß, daß es um sieben Essen gibt. Aber wo steckt Jessica? Hatte sie vielleicht vor, außerhalb zu essen?«

»Nicht, daß ich wüßte. Sie wollte eigentlich schon um halb vier zu Hause sein.« Elizabeth bemerkte, wie besorgt ihre Stimme klang und versuchte, sich zusammenzureißen. »Aber Sie kennen ja meine Schwester«, fügte sie in lockerem Ton hinzu. »Sie läßt sich ganz gern Zeit mit dem Nachhausekommen.«

Aber die spaßige Bemerkung zog nicht. »Du liebe Güte!« Avery schien genauso besorgt zu sein wie Elizabeth. »Meinst du nicht, daß wir sie suchen sollten?«

»Das dürfte schwierig sein«, erwiderte Elizabeth. »Ich habe nämlich keine Ahnung, wo sie sein könnte.«

»Und was ist mit dem Jungen, mit dem sie immer zusammen ist, Marc? Kannst du ihn vielleicht anrufen?«

»Sie ist nicht mit Marc zusammen.« Elizabeth war im Moment nicht danach zumute, Avery die ganze Geschichte mit Jessica und Marc zu erklären. »Aber sie wird schon wieder auftauchen. Das tut sie immer«, fügte sie tapfer hinzu.

»Ja, bestimmt hast du recht«, sagte Avery. »Aber schreib dir bitte meine Telefonnummer auf und ruf mich sofort an, wenn sie nach Hause kommt, ja?«

»Natürlich.« Elizabeth notierte sich die Nummer und verabschiedete sich. Dann setzte sie sich hin, um zu warten.

14 Elizabeth war in Panik. Es war jetzt sieben Uhr. Draußen tobte der Wind, und die Bäume bogen sich unter seinem Ansturm. Mit jeder neuen Böe klirrten die Fensterscheiben. Elizabeth hatte nicht den geringsten Anhaltspunkt, wo sie ihre Zwillingsschwester suchen sollte. Es war nicht das erste Mal, daß sie sich Jessicas wegen Sorgen machen mußte, aber in einem fremden Land war alles noch viel schlimmer, besonders wenn ein solcher Sturm draußen losgebrochen war. Sie fühlte sich hilflos und total alleingelassen.

Sie sprang auf und hielt gespannt die Luft an, als sie die Tür gehen hörte. Doch dann kam René herein, und sie stieß enttäuscht die Luft aus.

»Sehr begeistert scheinst du ja nicht bei meinem Anblick zu sein«, bemerkte er.

»O nein, René, du darfst mich nicht falsch verstehen«, protestierte Elizabeth. »Ich dachte nur, es wäre Jessica. Sie ist noch nicht zu Hause, und ich habe keine Idee, wo sie stecken könnte«, sprudelte sie verzweifelt hervor.

»Hast du es bei Jean-Claude versucht?« fragte René. Seine Frage klang beiläufig, aber Elizabeth spürte, wie er sie ansah, als wartete er auf eine bestimmte Reaktion.

Aber sie verstand nicht, was er meinte. »Jean-Claude?« fragte sie mit gerunzelter Stirn.

187

»Erzähl mir bloß nicht, daß du jetzt überrascht bist. Du hast ihr den Freund ausgespannt und sie dir deinen. Auge um Auge, Zahn um Zahn. Meine Freunde haben Jessica und Jean-Claude zusammen gesehen und es mir erzählt.«

Elizabeth verzichtete darauf, auf Renés herausfordernde Bemerkung einzugehen. Sie versuchte krampfhaft zu verdauen, was er ihr gerade über ihre Zwillingsschwester und Jean-Claude eröffnet hatte. Ihr fiel wieder ein, wie interessiert Jessica gewesen war, als sie ihr von Jean-Claude erzählt hatte. Vielleicht ein wenig zu interessiert. Elizabeth schwirrte der Kopf. Was hatte Jessica diesmal bloß wieder ausgebrütet?

»Hast du gar nichts dazu zu sagen?« sagte René in Gedanken. »Aber vielleicht hast du es ja gewußt«, überlegte er laut. »Ja, jetzt verstehe ich. Ihr zwei habt das Ganze arrangiert. Ihr habt beschlossen, eure Identität zu tauschen, um euch auf Jean-Claudes und Marcs Kosten kaputtzulachen.« Er machte ein finsteres Gesicht. »Meine Güte, habt ihr beide denn gar keine Skrupel?«

»René, wovon redest du da überhaupt?« fragte Elizabeth zerstreut, denn sie rätselte immer noch, wie Jessica mit Jean-Claude zusammengetroffen war. »Wir haben nicht unsere Identität vertauscht. Marc weiß, daß ich Elizabeth bin, und Jean-Claude ...« Plötzlich dämmerte ihr die Wahrheit, und sie brach mitten im Satz ab.

»Jean-Claude glaubt, Jessica wäre ˚du«, ergänzte René. »Ihr Amerikaner habt ja eine seltsame Auffassung von Loyalität.« Er verschränkte die Arme vor der Brust.

Jetzt ergab alles einen Sinn. Kein Wunder, daß Jean-Claude nicht zurückgerufen hatte. Seiner Meinung nach hatte sie die Verabredung mit ihm schließlich eingehalten. Während sie in dem Bus festsaß, nachdem sie Avery das Medikament gebracht hatte, mußte Jessica an ihrer Stelle zu Hause gewesen sein. Elizabeth fühlte eine Mordswut auf Jessica in sich aufsteigen. Es war nicht das erstemal, daß Jessica sich für sie ausgegeben hatte. Wie konnte Jessica ihr nur so einen hundsgemeinen Streich spielen? Wenn sie erst nach Hause kam, wollte Elizabeth ihr gehörig die Meinung sagen. Aber dazu mußte ihre Schwester erst einmal kommen!

Plötzlich wurde Elizabeths Ärger auf ihre Schwester wieder von ihrer Sorge verdrängt. Draußen wurde der Himmel von einem Blitz erhellt. Das gab den Ausschlag. Wut hin, Ärger her, Elizabeth mußte Jessica erstmal finden. Und wenn sie in Gefahr war?

Sie lief ans Telefon und wählte die Nummer der Gräfin. Am anderen Ende klingelte es ein paarmal. Komm schon, es muß doch jemand zu Hause sein, flehte Elizabeth innerlich. Endlich wurde der Hörer abgenommen. Elizabeth erkannte sofort die Stimme der Gräfin.

»Guten Abend, Gräfin. Hier ist Elizabeth Wakefield.«

»Elizabeth. Was bin ich froh. Sind Sie und Jean-Claude in Sicherheit? Ich habe mir solche Sorgen gemacht!«

»Gräfin, da hat es — äh — sozusagen eine kleine Verwechslung gegeben.« Verzweifelt suchte Elizabeth nach den passenden Worten. Wie kam es, daß sie sich von ihrer Schwester immer wieder in solche Situationen bringen ließ? »Jean-Claude ist nicht mit mir zusammen«, fuhr sie fort, »aber ich hatte gehofft, Sie könnten mir sagen, wo er ist.«

»Er ist zur Insel Sainte Marguerite hinausgefahren«, sagte die Gräfin. »Mit Ihnen, dachte ich. Er hat das kleine Segelboot genommen.«

Elizabeth sah zum Fenster hinaus auf den windgepeitschten Regen. Ein kleines Boot konnte es mit einem solchen Wetter unmöglich aufnehmen. »Oh, Gräfin, ich muß sie suchen — ich meine, ihn. Wissen Sie vielleicht, von wo aus er losgesegelt sein könnte?«

»Ich nehme an, von der Pointe de la Croisette. Das ist vom Festland der nächste Ausgangspunkt zu der Insel. Ich wollte schon meinen Chauffeur bitten, mich dorthin zu fahren.«

»Ich fahre an Ihrer Stelle«, erbot sich Elizabeth. »Ich halte es nicht länger aus, hier untätig herumzusitzen und mir Sorgen zu machen. Wenn ich Jean-Claude finde, sage ich ihm, daß Sie sich schon Gedanken seinetwegen gemacht haben.«

Nachdem sie sich verabschiedet hatte, lief sie ins Wohnzimmer.

»René, ich brauche deine Hilfe«, sagte sie geradeheraus. Sie hatte keine Zeit zu verlieren. »Jessica und Jean-Claude sind möglicherweise in Gefahr. Ich muß zum Strand vor der Pointe de la Croisette. Ich weiß ja, was du von Jessie und mir hältst, aber dies ist ein Notfall. Kannst du mich bitte dorthin fahren?«

»Soll das heißen, daß du ihr nicht böse bist?« fragte René ungläubig.

»Ich habe im Moment keine Zeit, böse zu sein. Jessica braucht vielleicht meine Hilfe.«

René wirkte unentschlossen.

»Sieh doch mal nach draußen«, forderte Elizabeth ihn auf. Sie zeigte zu einem der Fenster. »Jessica und Jean-Claude sind mit einem kleinen Boot zur Insel Sainte Marguerite hinübergesegelt. Was ist, wenn sie auf dem Rückweg von diesem Sturm überrascht worden sind? Das Meer kann ein sehr erbitterter Feind sein.« Sie sah René fest in die Augen. »Gerade du solltest das wissen«, fügte sie leise hinzu.

Aus Renés Gesicht war alle Farbe gewichen. »Ja, das stimmt«, flüsterte er.

»Dann bitte ich dich, mich dorthin zu fahren. Laß nicht zu, daß ein ähnliches Unglück passiert wie damals mit deinem Freund.«

René nickte entschlossen. »Hol dir einen Regenmantel, dann fahren wir gleich los«, meinte er. Elizabeth lief in ihr Zimmer hinauf und kam kurz darauf mit einer Regenhaut wieder herunter.

Aber sie erstarrte vor Schreck, als sie hinausgingen und René ihr einen Motorradhelm gab. »O nein. Du hast kein Auto«, rief sie, als sie begriff, was los war. Avery war mit dem Auto zur Arbeit gefahren, und René hatte nur das Moped.

»Es muß auch so gehen«, sagte René. »Wir haben keine andere Wahl.« Er schwang sich auf den Sitz.

Elizabeth rührte sich nicht vom Fleck. Ihr Cousin Rexy war bei einem Motorradunfall ums Leben gekommen, und sie selbst war bei einem solchen Unfall gerade noch einmal mit dem Leben davongekommen. Bei den Wakefields herrschte das ungeschriebene Gesetz, nicht Motorrad zu fahren, und selbst Jessica befolgte diese Regel.

Aber wie würde Elizabeth zumute sein, wenn Jessica etwas zustieß, nur weil sich ihre Schwester weigerte, auf Renés Moped zu steigen? Wieder zuckte ein Blitz am Himmel auf. Elizabeth mußte zu ihrer Zwillingsschwester. Kurz entschlossen setzte sie sich den Sturzhelm auf und kletterte auf den Soziussitz.

Im nächsten Moment waren sie schon unterwegs. Aber die kleine Windschutzscheibe, die René vorn am Lenker befestigt hatte, war in dem sintflutartigen Unwetter praktisch nutzlos. Sobald sie etwas schneller fuhren, wurden sie erbarmungslos vom Regen gepeitscht, so daß René gezwungen war, äußerst vorsichtig zu fahren.

Elizabeth klammerte sich an ihm fest. Bei dem Wind nützte ihre Regenhaut nicht viel. Ihr Rock war klatschnaß. Sie malte sich aus, was ihrer Schwester in diesem Moment gerade alles zustoßen konnte.

»Bitte, beeil dich«, drängte sie René.

»Weißt du, wie gefährlich es ist, bei einem solchen Wetter Moped zu fahren? Wenn ich schneller fahre, sind wir am Ende selbst in Schwierigkeiten.«

Elizabeth schluckte. Daran brauchte er sie gar nicht zu erinnern. Sie konnte also nur die Finger kreuzen und inständig hoffen, daß sie nicht zu spät kommen würden.

Zu Hause, in Sweet Valley, stieg Steven in sein Auto und hoffte auch, nicht zu spät zu kommen – zu spät, um Cara zu sagen, wieviel sie ihm bedeutete und um sie um Verzeihung zu bitten. Am Telefon war sie höflich, aber zurückhaltend gewesen, als er ihr sagte, daß er dringend mit ihr sprechen müsse. So, wie er sich ihr gegenüber verhalten hatte, konnte er ihr das nicht einmal übelnehmen. Er war froh und dankbar, daß sie überhaupt zugestimmt hatte, ihn zu sehen.

Er bog rechts in die Roundtree Road ein und fuhr den vertrauten Weg zu ihrer Wohnung. Er überquerte die baufällige Holzbrücke über den Bach, an dem er und Cara so gern Picknick machten. Alles auf dem Weg zu ihrer Wohnung sah so aus wie immer, und doch erschienen ihm die Dinge, die er so gut kannte, verändert, irgendwie unwirklich.

In dieser Stimmung war er, seit ihm klargeworden war, was für einen Riesenfehler er begangen hatte. Ihm war, als hätte sich die ganze Welt während der letzten paar Tage verändert. In gewisser Weise hatte sie das ja auch. Steven hatte etwas sehr Wichtiges über sich selbst gelernt. Er hatte gesehen, wie leicht ihm noch Gefühle einen Streich spielen konnten, die er längst unter Kontrolle zu haben geglaubt hatte. Er war sicher, daß er seine Schwächen in Zukunft besser einschätzen würde. Und daß er Cara Walker nie wieder als selbstverständlich hinnehmen würde.

In Stevens Kopf purzelten die Gedanken nur so durcheinander. Wie hatte er diese ganze verrückte Sache nur geschehen lassen können? Wie hatte er einem solchen Hirngespinst nachgeben können?

Es war nicht leicht, auf all diese Fragen Antworten zu finden. Steven lenkte seinen alten gelben VW auf den Parkplatz neben Caras Wohnhaus. Eins wußte er mit Sicherheit. Erst mußte er wieder mit Cara ins reine kommen, bevor er mit sich selber wieder Frieden schließen konnte.

Er nahm den Aufzug zum vierten Stock und läutete an der Wohungstür der Walkers. Nervös wartete er darauf, daß sich Schritte von innen näherten. Die Tür wurde geöffnet, und vor ihm stand Caras jüngerer Bruder Charlie und grinste zu ihm hinauf.

»Steven! Na, Junge, wie geht's?« fragte er gutgelaunt.

Steven gab Charlie einen Klaps auf den Arm. »Hi, Sportsfreund. Auf Ferienbesuch?« Caras Eltern waren geschieden, und Charlie lebte bei seinem Vater, aber in den Schulferien besuchte er öfter seine Mutter und Schwester. »Schön, dich wieder mal zu sehen«, fügte Steven hinzu.

Dann sah er, daß Cara näherkam. Sie trug ein einfaches, elegantes dunkelrotes Kleid, und ihr dunkles Haar hing ihr lose auf die Schultern. »Hör mal, Sportsfreund, wir wollten ja demnächst mal zusammen Scheibenschießen gehen, aber jetzt muß ich erstmal mit deiner Schwester allein sein, ja?«

Charlie verdrehte die Augen. »Klar, damit ihr schön herumknutschen könnt. Wie langweilig!« rief er.

»Charlie!« sagte Cara streng.

Charlie rührte sich nicht vom Fleck und grinste schadenfroh. Er genoß sichtlich die Gelegenheit, seiner Schwester auf den Wecker zu fallen.

»Wenn ich dir einen Vierteldollar gebe, gehst du dann draußen spielen?« fragte Steven.

»Am besten da, wo der Verkehr am dichtesten ist«, ergänzte Cara.

»Ich sehe schon, ich bin hier unerwünscht.« Charlie spielte den Beleidigten und verzog sich.

Cara und Steven lachten, aber sobald Charlie fort war, war auch die lockere Stimmung verflogen. Eine Mauer aus Beklommenheit stand plötzlich zwischen ihnen. Steven trat von einem Fuß auf den anderen und wußte nicht, was er mit seinen Händen anfangen sollte.

»Komm doch herein«, schlug Cara schüchtern vor, als hätten sie ihre allererste Verabredung. Sie ging mit ihm ins Wohnzimmer. »Hier können wir uns ungestört unterhalten.«

Steven setzte sich neben Cara auf die Couch, aber er fühlte sich sehr unwohl in seiner Haut. Er rückte ein Stück näher an Cara heran, schlug die Beine übereinander und versuchte, ganz gelassen zu wirken. Es nützte nichts.

»Du, Cara, am besten rede ich nicht lange darumherum. Ich habe mich wie ein Idiot benommen. Nein, schlimmer noch. Ich war rücksichtslos und unfair und überhaupt ein Riesentrottel. Ich muß mich wirklich bei dir entschuldigen.« Seine Worte überschlugen sich.

Cara hörte ruhig zu. »Steven, du hast mir sehr wehgetan.«

»Ich weiß das, und ich kann dir gar nicht sagen, wie leid mir das tut. Cara, ich will dir nicht wehtun.

Weder jetzt noch in Zukunft.« Er sah sie an, und ihre Blicke trafen sich. »Ich liebe dich.«

»Steven, bist du sicher, daß die Erinnerung an Tricia nicht zwischen uns steht? Ich weiß doch, wieviel sie dir bedeutet hat.«

»Aber du bedeutest mir auch sehr viel, Cara. Das mußt du mir glauben.«

»Aber niemand kann dir Tricia ersetzen.« Traurig und entmutigt sah Cara Steven an.

»Vielleicht nicht.« Steven erwiderte den Blick ihrer braunen Augen. »Aber schließlich kann kein Mensch je einen anderen ersetzen. Tricia war einzigartig. Das ist etwas, was ich aus dieser Sache gelernt habe. Einen Menschen wie sie gibt es nicht noch einmal. Aber, Cara, auch du bist einzigartig. Das ist es, was die Menschen ausmacht. Wir sind alle unterschiedlich; jeder Mensch ist ein Individuum. Ich weiß, wie abgedroschen das klingt, aber es ist wahr. Hast du nicht selbst einmal versucht, mir das klarzumachen?«

Cara schluckte und nickte.

»Ich will nie wieder den Fehler begehen und zwei Menschen miteinander gleichsetzen, gleichgültig, wie ähnlich sie sich äußerlich auch sein mögen.« Steven schüttelte den Kopf. »Jetzt hör dir das an. Ich werde richtig philosophisch. Eigentlich will ich dir nur sagen, daß du du bist, und daß ich dich liebe, so wie du bist, und nicht für etwas, was du nicht bist. So etwas soll nie wieder vorkommen.«

»Steven, vielleicht solltest du dir etwas mehr Zeit nehmen, um dir in Ruhe zu überlegen, was du wirklich willst«, meinte Cara leise.

Steven erschrak. »Willst du also nichts mehr mit mir zu tun haben?« Er hatte sich zwar aufs Schlimmste gefaßt gemacht, aber trotzdem spürte er ein dumpfes Gefühl in der Magengrube.

»Ich möchte sehr gern mit dir zusammenbleiben«, widersprach Cara. »Aber vielleicht bist du dir nicht so sicher, ob du das wirklich möchtest.«

»Cara, du mußt mir einfach glauben. Ich bin mir noch nie so sicher gewesen wie darüber. Ich brauche dich.«

»Wirklich?« fragte Cara unsicher.

»Ganz bestimmt.«

Zaghaft legte Steven den Arm um Cara. Zuerst blieb sie stocksteif sitzen. Dann küßte er sie auf die Wange, und sie lehnte sich ganz leicht bei ihm an. »Cara, du hast mir gefehlt«, flüsterte er zärtlich.

Caras Unterlippe zitterte. »Steven, du hast mir auch gefehlt.« Eine Träne rollte ihr über die Wange.

Steven wischte sie fort. »Nicht, Cara. Bitte nicht weinen. Es tut mir leid. Es tut mir ja so leid.« Er hatte selbst Tränen in den Augen, und in seinem Hals saß ein ganz komischer Kloß.

»Steven, du brauchst dich nicht weiter zu entschuldigen«, sagte Cara und schnüffelte. »Ich muß nur weinen, weil ich solche Angst hatte, wir könnten uns nie wieder so in den Armen halten.« Sie legte die Arme um ihn und lehnte ihren Kopf an seine Schulter.

»Heißt das, daß du mir verzeihst?« wollte Steven wissen.

Cara wandte ihm das Gesicht zu und nickte. Mit

den Fingerspitzen zog er die Linien ihres Gesichts nach. Ihre Haut fühlte sich glatt und weich an. »Cara, ich meine es ernst«, sagte er. »Du bist die einzige für mich.« Und dann trafen sich ihre Lippen zu einem langen, liebevollen Kuß. Für Steven Wakefield war die Welt wieder in Ordnung.

Am Strand von Cannes standen die Dinge dagegen überhaupt nicht gut. Der Sturm hatte das Meer aufgewühlt. Das sonst so ruhige Wasser war jetzt in wütendem Aufruhr. Elizabeth war vom Regen schon längst bis auf die Haut durchnäßt, aber dessen war sie sich kaum bewußt.

Ihre ganze Aufmerksamkeit galt einem kleinen Boot, das mit Kurs auf den Strand auf den schaumgekrönten Wellen tanzte. Mühsam kämpfte es gegen die Strömung an, die es immer wieder abzutreiben drohte, und ständig schwang das Segel herum, da die ständig wechselnde Windrichtung das Boot zwang, immer wieder in einem anderen Winkel auf das Ufer zuzusteuern. Elizabeth wagte kaum zu atmen, als sie zusah, wie mühsam es vorwärts kam. Nach einer halben Ewigkeit war es endlich so nahe, daß man zwei Menschen darauf erkennen konnte.

»Ich glaube, sie sind es«, schrie Elizabeth René an, doch ihre Worte gingen in dem heulenden Wind unter. »Jessica! Jean-Claude! Du meine Güte!« Von Sekunde zu Sekunde wurde die See rauher.

René stand so weit wie möglich vom Wasser entfernt und starrte entsetzt auf seinen alten Feind, das Meer. Elizabeth wollte ihn beruhigen, ihm irgendein

Zeichen der Zuversicht geben, daß das Boot das Ufer sicher erreichen würde. Aber sie wußte, daß René zu allerletzt daran glauben konnte, das Meer wäre in seiner Wut zu bezwingen. Vor Furcht hielt er die Lippen fest zusammengepreßt, und Elizabeth erkannte, daß er vor Entsetzen wie festgewurzelt war, außerstande, einen Muskel zu bewegen.

Endlich kam das schlingernde Segelboot nahe genug heran, daß Elizabeth mit Sicherheit ihre Zwillingsschwester und Jean-Claude darauf ausmachen konnte. Verzweifelt kämpften sie gegen den Sturm an, doch wenn sie zehn Meter vorwärts kamen, wurden sie gleich wieder um fünf Meter zurückgeworfen. Jean-Claude hielt das Segel, während sich Jessica mit dem Ruder abmühte.

Elizabeth fand es unerträglich, ihnen bei ihrem Kampf zuzusehen, aber sie konnte ihre Augen einfach nicht abwenden. Als das Boot durch eine Windböe aus genau der richtigen Richtung ein ganzes Stück landwärts getragen wurde, schluchzte Elizabeth vor Erleichterung auf.

Aber ihre Erleichterung dauerte nicht lange an. Ein riesiger Brecher näherte sich dem Boot, und Elizabeth mußte voller Entsetzen mitansehen, wie es davon überrollt wurde. Jean-Claude verlor die Kontrolle über das Segel, und das Boot legte sich auf eine Seite. Als es mit Wasser vollschlug, schwang das Segel herum, und die Fock traf Jessica mit voller Wucht am Kopf. Elizabeth sah, wie ihre Zwillingsschwester zusammensackte.

Elizabeths entsetzte Schreie übertönten das Heulen des Windes.

Auch Jean-Claude ging über Bord. Ein paarmal tauchte er unter, dann kam er wasserspuckend wieder hoch und versuchte, an dem gekenterten Boot Halt zu finden. Als er den Bootsrand erwischt hatte, hielt er nach Jessica Ausschau.

»Da drüben! Auf der anderen Seite vom Boot!« schrie Elizabeth aus voller Lunge. Sie konnte deutlich den reglosen Körper ihrer Schwester sehen.

»Er kann dich nicht hören!« brüllte René.

Elizabeth riß sich die Regenhaut herunter, schleuderte die Schuhe von den Füßen und rannte zum Wasser. Sie warf sich hinein und schwamm mit aller Kraft, die ihr zur Verfügung stand. Als sie bei ihrer Schwester ankam, sah sie, daß Jean-Claude sie schon gefunden hatte und sie zu umfassen versuchte. Aber die Wellen waren sehr heftig, und sie rutschte ihm immer wieder weg.

Mit ein paar Zügen war Elizabeth bei ihnen. Jessicas Augen waren geschlossen, und ihr nasses Gesicht war leichenblaß. Elizabeth faßte sie in einem Lebensrettungsgriff, den sie im vergangenen Jahr in der Schule gelernt hatte. Dann schwamm sie mit Beinstößen und mit Hilfe ihres freien Arms wieder aufs Ufer zu. Sie keuchte und schluckte immer wieder Salzwasser, aber sie strengte jeden einzelnen Muskel bis zur Erschöpfung an. Doch der Strand schien überhaupt nicht näher zu kommen.

Jean-Claude bemühte sich, mit Elizabeth mitzuhalten, aber sie spürte, daß er am Ende seiner Kräfte war. Genau wie sie selbst. Ihr ganzes Lebensrettungstraining hatte sie in einem Schwimmbecken geübt und nicht in stürmischer See. Ihr Herz hämmerte zum Zerspringen. Sie würden es nicht schaffen.

Plötzlich war da noch jemand neben ihr im Wasser, der ihre Schwester fest in Griff nahm. »Leg Jean-Claude deine Hand unters Kinn und zieh ihn mit dir«, rief er ihr zu. Es war René! Trotz seiner Furcht vor dem Meer und der Erinnerung daran, daß sein Freund ertrunken war, war er ihnen zur Hilfe gekommen! Elizabeth erkannte, wieviel Mut es ihn gekostet haben mußte, sein Grauen zu überwinden und sich in das tobende Wasser zu stürzen. Sie dankte ihm innerlich von ganzem Herzen.

Mit vereinten Kräften gelang es ihnen schließlich, Jean-Claude ins seichtere Wasser zu bringen und Jessica an Land zu ziehen. Sie legten sie auf die überdachte Terrasse eines nahegelegenen Strandrestaurants, um sie vor dem strömenden Regen zu schützen. Jessica öffnete die Lippen und stöhnte leise.

»Sie kommt langsam zu sich«, stellte René fest.

Sie öffnete die Augen und sah Jean-Claude, der sich über sie beugte. Erschöpft und blaß wie er war, hatte er nur Augen für Jessica. Sie lächelte ihn kraftlos an. »Jean-Claude«, murmelte sie.

»Elizabeth! Gott sei Dank!« Erleichtert schloß er Jessica vorsichtig in die Arme. Sie sahen einander in die Augen und versanken in ihrer eigenen Welt von Liebe und Zärtlichkeit.

Elizabeth — die richtige Elizabeth — war beeindruckt von dem tiefen, aufrichtigen Gefühl, das zwischen Jessica und diesem Jungen zu bestehen schien. Der Blick, mit dem Jessica Jean-Claude ansah, war etwas völlig Neues an ihr. Sollte das dasselbe Mädchen sein, das nie lange genug bei einem Jungen blieb, um sein Herz zu verlieren? Das Mädchen, das mit Beziehungen spielte, als handelte es sich um ein Kartenspiel? Aber der Gesichtsausdruck ihrer Schwester verriet genug. Jessica war verliebt.

Und Jean-Claude auch. »Was bin ich froh, daß es dir gut geht«, flüsterte er Jessica ins Ohr. Jetzt, nachdem er sich vergewissert hatte, daß ihr nichts Ernsthaftes fehlte, wandte er den Blick von ihr, um sich die zwei Menschen anzusehen, die ihnen zur Hilfe gekommen waren. Elizabeth erkannte, daß er bis jetzt in der Panik, Jessica und sich in Sicherheit zu bringen, kaum etwas richtig wahrgenommen hatte.

Als er jetzt Elizabeth erblickte, blieb ihm vor Schreck der Mund offenstehen. »Nanu?« Er sah auf Jessica hinunter, dann wieder zu Elizabeth hoch, die neben René stand. Das Ganze wiederholte er noch mal.

Jessica wandte auch den Kopf, um ihre Zwillingsschwester ansehen zu können. Elizabeth fing ihren Blick auf und entdeckte darin ein stummes Flehen. Sie kämpfte kurz mit sich. Zwar hatte sie noch nicht vergessen, daß Jessica sie auf übelste Weise hinters Licht geführt hatte, aber sie war so überglücklich, ihre Schwester lebendig wiederzuhaben, daß sie bereit war, ihr fast alles zu verzeihen.

Ohne den Blick von ihrer Zwillingsschwester zu wenden, trat Elizabeth ein paar Schritte auf Jean-Claude zu. Dann sah sie ihn an. Sie streckte ihm die Hand entgegen. »Hallo«, sagte sie. »Ich bin Jessica, Elizabeths Schwester.«

15 »Kann ich euch zwei nach Hause bringen?« wandte sich Jean-Claude an René und Elizabeth. »René, du kannst dein Moped einschließen und es holen kommen, wenn der Regen aufgehört hat.«

»Danke, Jean-Claude, aber es sieht so aus, als ließe der Regen schon nach. Ich bin sowieso schon klatschnaß, also kann ich genausogut das Moped nehmen. Dann brauche ich es wenigstens später nicht hier abzuholen. Aber du solltest die zwei Mädchen unbedingt so schnell wie möglich nach Hause fahren, damit sie aus den nassen Sachen herauskommen und meine Mutter sich um sie kümmern kann.« Er deutete auf Jessica.

Elizabeth glaubte ihren Ohren nicht zu trauen. René machte sich tatsächlich um sie und Jessica Gedanken. Sollte das vielleicht ein Friedensangebot sein? »Danke, René.« Sie versuchte es mit einem Lächeln.

René wirkte ganz verlegen. »Du brauchst dich nicht bei mir zu bedanken. Bedank dich lieber bei Jean-Claude. Schließlich fährt er euch nach Hause.« Er schwang sich wieder auf sein Moped. »Wir sehen uns ja wohl noch zu Hause«, fügte er brummig hinzu, aber ohne den unfreundlichen, feindseligen Tonfall, an den Elizabeth schon so gewöhnt war.

»Ja, bis nachher«, antwortete Elizabeth. »Und, René, ohne deine Hilfe wären wir alle — also, ich will lieber gar nicht daran denken, was passiert wäre. Ich kann dir gar nicht sagen, wie dankbar ich dir bin.«

Jean-Claude schloß sich Elizabeths Dank an, und selbst Jessica nickte René anerkennend zu.

»Ich habe nur getan, was ich tun mußte«, wehrte René ab, startete sein Moped und fuhr los.

Elizabeth sah ihm hinterher. Irgend etwas hatte sich zwischen ihnen geändert dort draußen in den tobenden Wellen. Sie hatten ihre Kräfte vereint, hatten sich gemeinsam eingesetzt, hatten sich gegenseitig unterstützt. Man konnte vielleicht nicht sagen, daß sie jetzt die dicksten Freunde waren, aber zumindest war es ein Anfang.

»Liz, wo ist das lila Hemd, das du mitgenommen hast?« fragte Jessica. »Es paßt so gut hierzu.« Sie zog eine hautenge schwarze Steghose an.

»Findest du nicht, du solltest dich ein wenig schonen, nach allem, was du heute durchgemacht hast?« Elizabeth saß auf ihrer Bettkante und sah Jessica beim Anziehen zu.

»Ich will mich ja schonen — aber zusammen mit Jean-Claude. Und ich habe keine Lust, ihn den ganzen Abend warten zu lassen, also kannst du mir jetzt bitte das Hemd geben?« Ungeduldig wippte Jessica mit dem Fuß. Jean-Claude saß draußen vor der Tür in seinem Auto, immer noch total durchnäßt, und wartete auf sie.

Elizabeth verschränkte die Arme. »Ist das zu fassen? Vor einer halben Stunde haben René und ich dich vor dem Ertrinken gerettet, und jetzt machst du dich seelenruhig fertig, um zum Essen auszugehen.«

»Hör mal, ich habe dir schon hundertmal dafür gedankt, daß du mich dort herausgeholt hast, und ich weiß deine Sorge wirklich zu schätzen, aber ich fühle mich vollkommen in Ordnung. Du hast ja gehört, was Avery gesagt hat. Ich habe nur eine Beule am Kopf. Kein Schwindelgefühl, kein Kopfweh. Sie sagt, daß mir nicht das Geringste fehlt. Und sie muß es schließlich wissen, als Krankenschwester und so. Und essen muß ich so oder so. Warum also nicht mit Jean-Claude? Und jetzt das Hemd, bitte.«

Elizabeth seufzte. »Na gut. Du hörst ja sowieso nicht auf mich.« Sie holte das lila Hemd aus ihrem Schubfach und gab es Jessica.

»Danke.« Jessica umarmte sie kurz, dann zog sie sich das Hemd über und betrachtete sich im Spiegel. Als Ergänzung legte sie ein Paar Ohrringe aus Straß an und schlüpfte in die neuen Schuhe, die sie sich noch in Sweet Valley gekauft hatte. Perfekt.

»Also dann, bis später, Liz.« Sie steuerte auf die Tür zu, aber Elizabeth hielt sie zurück.

»Du, Jessica? Mir ist da gerade etwas eingefallen.«

»Ja?« Jessica drehte sich um.

»Als ich herauszufinden versucht habe, wo du mit Jean-Claude warst, habe ich die Gräfin angerufen.«

»Na und?« Jessica konnte sich nicht vorstellen, worauf ihre Zwillingsschwester hinauswollte.

»Ich habe ihr gesagt, wer ich bin. Sie wird es reichlich merkwürdig finden, wenn Jean-Claude ihr erzählt, was er alles mit Elizabeth durchgemacht hat.«

Jessica stöhnte. »O nein! Warum mußtest du auch hingehen und ihr sagen, wer du bist?« Und das ausgerechnet, als sie schon glaubte, ihr kleines Verwechslungsspiel würde für sie keine unangenehmen Folgen haben! »Ich meine, du hast doch auch Jean-Claude gesagt, du wärst ich. Warum konntest du der Gräfin nicht das gleiche erzählen? Das kapiere ich nicht.«

Elizabeth zog die Augenbrauen hoch. »Für dich ist das vielleicht ein Spiel, die Leute an der Nase herumzuführen, aber für mich ganz sicher nicht. Wahrscheinlich kannst du gar nicht verstehen, wie schwer es mir gefallen ist, Jean-Claude vorhin am Strand anzulügen, als ich ihm sagte, wer ich sei. Ich habe es nur getan, weil ich gesehen habe, wieviel er dir bedeutet.«

»Doch, ich verstehe es«, meinte Jessica versöhnlich. »Und ich weiß auch, daß ich eigentlich gar nicht verdiene, was du für mich getan hast.«

»Eigentlich nicht. Aber wie auch immer, als ich mit der Gräfin telefonierte, wußte ich noch gar nicht, was mit dir und Jean-Claude los ist, also wie sollte ich auf die Idee kommen, ihr zu erzählen, daß ich du wäre?«

»Konntest du dir nicht denken, daß ich mich verliebt hatte? Liz, weswegen hätte ich mich sonst auf diese Weise mit Jean-Claude davonschleichen sollen? Hast du eine so schlechte Meinung von mir, daß du mir zutraust, ich täte so etwas aus reinem Spaß an der

Freude?« Jessica war ganz die gekränkte Unschuld. »Ich weiß ja, daß ich dich − äh − ganz schön hereingelegt habe, aber es hat wirklich nur einem guten Zweck gedient. Ich mußte es tun. Mir blieb keine andere Wahl, das mußt du mir wirklich glauben.«

»Ich glaube, dein Kopf hat doch etwas mehr abbekommen als nur eine Beule«, bemerkte Elizabeth. »Wie sollte ich ahnen, daß du in Jean-Claude verliebt bist, wenn ich noch nicht mal wußte, daß du dich heimlich hinter meinem Rücken mit ihm triffst? Jessie, du hättest mir gleich von Anfang an sagen sollen, wie es um euch beide steht.«

Jessica wickelte nervös eine Haarsträhne um ihren Zeigefinger. Elizabeth war so erleichtert gewesen, ihre Schwester in Sicherheit zu wissen, daß Jessica gehofft hatte, davonzukommen, ohne eine Standpauke über sich ergehen lassen zu müssen. Jetzt sah sie ein, daß sie sich geirrt hatte. Wenn sie das Zimmer doch nur einen Augenblick früher verlassen hätte, wäre es ihr erspart geblieben, die ganze Sache noch einmal durchzukauen.

»Ich hatte daran gedacht, es dir zu sagen«, erwiderte sie lahm. »Ich wollte es ja.«

Elizabeth sah sie unverwandt an, ohne ein Wort zu sagen.

»Aber ich konnte einfach nicht. Verstehst du das denn nicht?« begann Jessica zu jammern. »Und wenn du mich gezwungen hättest, es Jean-Claude zu sagen? Oder wenn du so sauer auf mich gewesen wärst, daß du es ihm selbst gesagt hättest? Dann hätte er vielleicht nichts mehr mit mir zu tun haben wollen, weil er mich ganz gräßlich gefunden hätte.«

»Also war es dir lieber, eure Beziehung auf einer Lüge aufzubauen. So ist es doch, oder?«

»Ich wollte lieber mit Jean-Claude zusammensein, als nicht mit ihm zusammenzusein«, antwortete Jessica aufgebracht. »Und das bedeutet, daß ich mir jetzt eine gute Erklärung für die Gräfin ausdenken muß, bevor die ganze Wahrheit herauskommt.« Die Geschichte wuchs ihr langsam über den Kopf. Warum konnten sie und Jean-Claude nicht einfach miteinander glücklich sein – ohne diese ganzen Komplikationen?

Elizabeth war ihr keine Hilfe. »Ich weiß auch nicht, was ich dir sagen soll, Jessica.«

»Aber, Liz, du bist doch die Schriftstellerin. Du denkst dir andauernd Geschichten aus. Fällt dir denn keine ein, die ich der Gräfin erzählen könnte?« Jessica war der Verzweiflung nahe. Sie konnte jetzt unmöglich die Sache mit Jean-Claude verpatzen. Dazu hatten sie zuviel gemeinsam durchgemacht.

»Tut mir leid. Mit der Gräfin wirst du schon allein zurechtkommen müssen«, erklärte Elizabeth.

Jessica riß die blaugrünen Augen auf und flehte ihre Zwillingsschwester wortlos um Hilfe an. Am Strand hatte es funktioniert. Vielleicht funktionierte es ja noch mal.

Aber Elizabeth blieb ungerührt. »Mit der Sache habe ich nichts zu tun.«

»Aber, Liz …«

»Aber, Jessie. Meinst du nicht, daß ich schon genug für dich getan habe? Denk doch mal darüber nach.«

Das konnte Jessica wirklich nicht bestreiten. Elizabeth hätte allen Grund gehabt herumzuerzählen, wie sie von ihrer eigenen Zwillingsschwester hereingelegt worden war. Statt dessen hatte sie zu ihr gehalten.

»Du hast ja recht, Liz. Du hast schon genug getan. Und wegen der Gräfin mach dir keine Gedanken. Mir wird schon irgendwas einfallen, was ich ihr erzählen kann.«

»Da bin ich sicher. Dir fällt schließlich immer etwas ein, oder?« Elizabeth schüttelte den Kopf, aber man konnte sehen, daß sie nicht mehr böse war.

Jessica lächelte. »Stimmt genau.« Sie ging wieder zur Tür, überlegte es sich dann aber anders und kam zurück, um ihrer Schwester um den Hals zu fallen. »Liz, falls ich es noch nicht deutlich genug gesagt habe – vielen Dank für alles, was du heute für mich getan hast. Nicht nur dafür, daß du mich aus dem Wasser gefischt hast, sondern auch, daß du mir den Rücken gedeckt hast. Ich weiß nicht, was ich ohne dich getan hätte.«

»Na ja, zunächst mal hättest du Jean-Claude erst gar nicht kennengelernt«, bemerkte Elizabeth spöttisch. »Und da wir gerade von ihm sprechen – er wartet immer noch draußen auf dich, und ich wette, daß er endlich nach Hause fahren und sich etwas Trockenes anziehen will.«

Das ließ sich Jessica nicht zweimal sagen. »Das glaube ich auch«, sagte sie zu ihrer Zwillingsschwester, und wenig später lief sie schon zur Haustür hinaus, um sich von einem nassen, aber glücklichen Jean-Claude in die Arme nehmen zu lassen.

Kurze Zeit darauf klopfte es leise an Elizabeths Tür. »Herein«, rief sie.

Die Tür ging auf, und auf der Schwelle stand René. Sein Gesicht war rosig von einer heißen Dusche, sein nasses Haar zurückgekämmt. Unsicher trat er ein paar Schritte vor und lächelte Elizabeth schüchtern an. »Hi«, sagte er leise. »Schon umgezogen und so?« Dann lachte er kurz. »Eine ganz schön dämliche Frage, nicht? Ich kann ja sehen, daß du dich umgezogen hast.«

Elizabeth fühlte sich selbst nicht ganz wohl in ihrer Haut. »Tja, es hat richtig gutgetan, etwas Warmes, Trockenes anzuziehen. Wir waren ja beide eigentlich nicht zum Schwimmen angezogen«, scherzte sie nervös. Nach dem, was am Strand vorgefallen war, wußte Elizabeth nicht so recht, was sie von René zu erwarten hatte oder wie sie sich ihm gegenüber verhalten sollte.

René stand verlegen bei der Tür, als wagte er sich nicht zu rühren.

»Du, äh, komm doch rein und setz dich«, forderte Elizabeth ihn auf.

»Danke.« René durchquerte das Zimmer und ließ sich dann auf einem Holzstuhl in der hinteren Ecke nieder.

Es entstand ein längeres Schweigen, das nur vom Zirpen der Grillen draußen und von dem Wind, der jetzt nicht mehr so stürmisch wehte, unterbrochen wurde. Elizabeth sah René an, und er erwiderte ihren Blick. Plötzlich begannen sie beide gleichzeitig zu sprechen.

Das Eis war gebrochen, und beide mußten lachen.
»Du zuerst«, meinte Elizabeth.

»Nein, du. Du bist der Gast.«

»Na gut«, stimmte Elizabeth zu und versuchte, ihre Gedanken zu ordnen. »Ich bin froh, daß du gekommen bist. Ich möchte dir nämlich etwas sagen.« Sie setzte sich auf ihre Bettkante und sah René aufmerksam an. »Ich weiß, wie schwer es für dich war, was du am Strand getan hast. Ich meine, wegen deines Freundes und allem.« Sie berührte das Thema vorsichtig, weil sie sich daran erinnerte, was geschehen war, als sie das Unglück zum erstenmal erwähnt hatte.

René nickte. Elizabeth fuhr fort. »Es war ungeheuer mutig von dir, und ich danke dir von ganzem Herzen. Ich glaube nicht, daß meine Kraft ausgereicht hätte, Jessica und Jean-Claude allein zu helfen.« Sie schluckte und kniff die Augen zu, um die grauenvolle Vorstellung zu vertreiben, was geschehen wäre, wenn sie den Kampf mit der See allein aufgenommen hätte.

»Ich hatte keine andere Wahl«, antwortete René. »Es war, als spielte sich noch einmal ab, was mit Antoine geschehen war. So hieß mein Freund. Antoine.« Ein trauriger Ausdruck trat in Renés Augen.

Elizabeth wartete geduldig, um René seinen Erinnerungen zu überlassen. Er richtete den Blick wieder auf sie und sprach leise weiter. »Ich konnte dasselbe nicht noch einmal geschehen lassen. Zuerst war ich wie gelähmt, aber ich mußte einfach wieder gutmachen, was ich an Antoine versäumt hatte.«

»Versäumt? Wie man mir gesagt hat, hast du alles menschenmögliche getan, um deinen Freund zu retten«, widersprach Elizabeth. »Was passiert ist, war nicht deine Schuld.«

»Das habe ich seit diesem Tag von allen Seiten zu hören bekommen. Mein Verstand hat mir auch gesagt, daß es wahr war, aber es auch hiermit zu glauben, war eine andere Sache.« René legte eine Hand aufs Herz. »Wie sehr habe ich mir eine zweite Chance gewünscht, aber die konnte ich natürlich niemals bekommen. Heute habe ich endlich begriffen, daß ich die Vergangenheit hinter mir lassen muß. Meine Fähigkeit, anderen Menschen zu helfen, ist nicht mit Antoine gestorben. Heute haben du und ich zwei Menschen das Leben gerettet.« In Renés Worten klangen Stolz und Dankbarkeit mit. »Diesmal war es anders.«

»Gott sei Dank«, sagte Elizabeth. »Aber, René, eins war nicht anders als beim letzten Mal. Du hast beide Male alles getan, was in deiner Macht stand. Du mußt aufhören, dich für den Tod deines Freundes verantwortlich zu machen.«

»Ich glaube, das kann ich jetzt auch«, erwiderte René. »In gewisser Weise habe ich das dir und Jessica zu verdanken. Ist das nicht komisch?«

»Und wir müssen dir für Jessicas Leben danken. Das kann ich gar nicht oft genug sagen. Und noch etwas.« Elizabeth blickte ihn fest an. »Es tut mir leid, wenn ich dir gegenüber unbeherrscht war.«

»Dazu hattest du allen Grund«, meinte René. »Ich habe mich gräßlich benommen. Ich habe gesehen, was du für deine Schwester getan hast. Wie sehr habe ich mich in dir geirrt. Ich habe erkannt, wie sehr du an ihr hängst, sonst hättest du nie darüber hinweggesehen, daß sie dich so hintergangen hat. Ich muß mich wirklich bei dir entschuldigen, Elizabeth.«

»Das nehme ich gern an«, erklärte Elizabeth. »Und ich glaube, ich kann auch verstehen, was du Jessicas und meinetwegen empfunden hast. Wir müssen dich ja ständig an deinen Vater erinnert haben.«

René nickte. »Das hat wohl jeder gemerkt. Aber das war nicht der einzige Grund. Ich glaube, ich schulde dir eine Erklärung dafür.« Er holte tief Luft. »Weißt du, ich hatte gleich von Anfang an beschlossen, euch abzulehnen, noch bevor ihr überhaupt angekommen wart. Aber als ihr dann auf dem Flughafen wart, fand ich euch — na ja, so hübsch. Und außerdem schient ihr wirklich nett zu sein.« René wurde rot und sprach einen Moment nicht weiter.

»Besonders an dir war etwas«, fuhr er verlegen fort. »Es ist schwer zu beschreiben. Ich hatte das Gefühl, als ob ich dich — als ob ich dich richtig mögen könnte. Deshalb mußte ich zu dir ganz besonders unfreundlich sein. Ich durfte mir ja keine Blöße geben. Nicht vor jemandem, den ich mit meinem Vater in Verbindung brachte. Und es war viel einfacher, unleidlich zu sein. Dieses Verhalten habe ich gelernt, als mein Vater fortging. Er hat sich nicht einmal von mir verabschiedet. Verletzt werden kann man nur, wenn man zu weich ist. Jedenfalls habe ich das bis jetzt immer geglaubt. Ich schätze, ich habe mich in sehr vielen Dingen geirrt ...«

»Sogar in den Amerikanern?«

»Kann sein.« Er grinste breit.

Elizabeth bewunderte René aufrichtig. Es mußte ihn Mut gekostet haben, seine Fehler einzugestehen, und noch mehr, ihr seine Gefühle zu offenbaren. Sie lächelte zurück. »Wenn du uns Amerikanern wirklich eine Chance geben willst, habe ich in meiner obersten Schublade einen Brief an dich, den ich einfach nicht wegwerfen konnte.«

René wurde blaß, und Elizabeth hatte schon Angst, zu weit gegangen zu sein. Dann kehrte sein Lächeln wieder zurück. »Paß mal auf. Ich lese den Brief, wenn du mir versprichst, morgen den Tag mit mir zu verbringen. Ich muß langsam anfangen, dich für die vergangenen Tage zu entschädigen.«

»Na ja, ich bin mit Veronique Gallivère zum Frühstück verabredet. Kennst du sie?«

»Ich glaube, ja. Ist sie die Tochter von Joseph Gallivère?«

Elizabeth nickte. »Ich habe sie bei der Eröffnung seiner Ausstellung kennengelernt. Sie ist sehr nett. Ich werde erst ab Nachmittag etwas mit dir unternehmen können. Ist das in Ordnung?«

»Na klar. Vielleicht können wir an den Strand gehen«, schlug René vor.

»An den Strand?« fragte Elizabeth überrascht.

»Warum nicht?« René grinste. »Es ist schrecklich lange her, seit ich das letzte Mal so richtig schön geschwommen bin!«

»Dann wird es ja langsam Zeit, René! Ich freue mich, wenn ich dabei sein kann.«

»Und hinterher gehen wir essen? Das gehört zu meinen Bedingungen dazu.«

»Abgemacht«, stimmte Elizabeth zu. »Übrigens«, fügte sie schüchtern hinzu, »du hast mir etwas anvertraut, also ist es nur fair, wenn ich dir jetzt auch etwas anvertraue. Als ich hier ankam, hatte ich gehofft, wir zwei könnten – äh – so was wie Freunde werden.« Sie dachte daran, wie sie sein Foto im Flugzeug betrachtet hatte.

René strahlte über das ganze Gesicht. »Ich glaube, dazu ist es noch nicht zu spät.«

16 »Liz, wach auf! Komm schon, ich muß
dir etwas erzählen!«

Elizabeth spürte, daß jemand sie an der
Schulter rüttelte. Schlaftrunken versuchte sie, die
Augen zu öffnen. »Was? Wievïel Uhr ist es? Jessica?«

»Ja, ich bin's. Liz, bist du wach?«

Elizabeth gähnte und setzte sich im Bett auf. »Jetzt
ja«, antwortete sie verschlafen. »Was willst du denn?
Es ist mitten in der Nacht.«

»Ich weiß, aber Jean-Claude hat mich gerade erst
nach Hause gebracht, und ich muß dir unbedingt
erzählen ...« Übermütig ließ sich Jessica auf das
Fußende von Elizabeths Bett plumpsen.

»Was erzählen?« fragte Elizabeth, immer noch halb
im Traum.

»Ich bin mit Jean-Claude ins reine gekommen! Ich
habe ihm die Wahrheit gebeichtet, und er hat mich
immer noch lieb! Liz, ist das nicht phantastisch?«

»Hmmm, phantastisch«, wiederholte Elizabeth,
die ihre Schwester immer noch nur verschwommen
sah.

»Überschlag dich bloß nicht vor lauter Begeisterung«, maulte Jessica. »Es ist ja nur das Beste, was
mir seit Urzeiten passiert ist.«

»Komm schon, Jessie, ich finde, es ist eine wirklich
tolle Neuigkeit, und ich bin auch sehr stolz auf dich,

aber du kannst von mir keine Luftsprünge erwarten, wenn ich noch nicht einmal richtig wach bin.«

»Dann wach doch auf, Liz. Das ist wichtig!«

»Ich weiß. Es muß dir furchtbar schwer gefallen sein, es Jean-Claude zu sagen.« Wieder gähnte Elizabeth unterdrückt. »Und ich finde es toll, daß du es getan hast, aber können wir nicht morgen weiter darüber reden?« Sie legte sich wieder hin und vergrub den Kopf im Kopfkissen.

»Du, eine Sekunde noch, dann kannst du weiterschlafen. Ich muß dir schnell noch etwas erzählen. Jean-Claude hat gesagt, es täte ihm leid, daß er dich an diesem einen Tag sitzengelassen hat. Ich habe ihm gesagt, daß du es verstehen würdest.«

»Freut mich, daß du so frei warst«, sagte Elizabeth ironisch.

Jessica ließ sich nichts anmerken. »Ach, und noch etwas. Die Gräfin läßt dich grüßen. Sie ist ja wirklich eine unheimlich nette alte Dame. Ich dachte schon, sie würde Jean-Claude verbieten, mich wiederzusehen, nachdem er ihr erzählt hatte, was ich getan habe. Aber sie hat sich mehr darüber amüsiert als alles andere. Sie hat gesagt, sie könnte nicht ganz verstehen, wie ich das fertiggebracht habe.«

»Hast du ihr verraten, daß du schon jahrelange Erfahrung darin hast?« fragte Elizabeth.

»Jetzt laß es aber gut sein, Liz. Immerhin habe ich Jean-Claude endlich die Wahrheit gestanden. Das wolltest du doch, oder?«

»Ja, aber es wäre mir lieber gewesen, wenn du es mir erst morgen früh erzählt hättest.«

Gekränkt schob Jessica die Unterlippe vor. »Und ich dachte, du wolltest es sofort wissen. Ich dachte, es würde dich interessieren, was mit Jean-Claude und mir ist.«

»Es interessiert mich auch. Habe ich dir das nicht erst heute nachmittag bewiesen?«

»Jetzt fang nicht schon wieder damit an!« Jessica verdrehte die Augen. »Wie sind wir nur darauf gekommen? Ich dachte, wir hätten gerade von der Gräfin gesprochen. Sie hat gesagt, sie wollte dich gern wiedersehen, also die richtige Elizabeth.«

»Ich würde sie auch gern wiedersehen.« Elizabeth schob ihr Kopfkissen beiseite. Gegen ihren Willen wurde sie langsam munter.

»Jean-Claude hat mich morgen zu sich eingeladen«, erzählte Jessica. »Du kannst ja mitkommen, um seine Großmutter zu besuchen, wenn du Lust hast.«

»Ich kann leider nicht. Morgen früh treffe ich mich mit Veronique, und für den Nachmittag habe ich auch schon etwas vor.«

»Veronique? Wer ist das denn?« wollte Jessica wissen.

»Ach, stimmt ja. Bei allem, was passiert ist, habe ich dir noch gar nichts über meinen Tag erzählt«, sagte Elizabeth. Seit der Kunstausstellung war soviel passiert, daß seit dem Nachmittag schon Ewigkeiten vergangen zu sein schienen. »Veronique ist ein Mädchen, daß ich bei der Kunstausstellung kennengelernt habe, zu der mich Marc mitgenommen hat.«

»Marc!« rief Jessica. »Mein Marc?«

Mittlerweile war Elizabeth hellwach. »Du wolltest ihn doch nie im Leben für dich haben! Und das hat er irgendwann auch begriffen. Aber ich habe das Gefühl, daß er bald Veroniques Marc sein wird.«

»Schon wieder sie? Wer ist dieses Mädchen bloß? Und, Liz, würde es dir etwas ausmachen, mir zu erzählen, wie um alles in der Welt du dazu gekommen bist, mit Marc zu einer Kunstausstellung zu gehen?« Langsam wurde Jessica ungeduldig.

»Jessie, es hat alles damit angefangen, daß Marc vorbeigekommen ist, um zu fragen, wie es dir geht.« Geduldig erzählte Elizabeth ihrer Schwester von ihrer Begegnung mit Marc und von der Kunstausstellung.

»Aha«, bemerkte Jessica spitz. »Während ich die schlimmsten Schuldgefühle hatte, mich mit Jean-Claude davonzuschleichen, hast du dich mit allen möglichen Leuten angefreundet, und jetzt bist du lieber mit denen zusammen als mit mir.«

»Moment mal«, protestierte Elizabeth. Sie hatte nicht vor, in Jessicas Falle zu tappen. »Erstens haben dich deine Schuldgefühle nicht davon abgehalten, dich weiter mit Jean-Claude zu treffen, ohne mir ein Wort davon zu sagen. Zweitens solltest du dich für mich freuen, daß ich hier ein paar nette Leute kennengelernt habe. Übrigens habe ich mich mit Veronique nur zum Frühstück verabredet. So eine große Sache ist das doch nicht, oder?«

»Wohl kaum. Aber ich hatte sowieso nicht vor, morgen vor zwölf Uhr aufzustehen. Du kannst ja später am Nachmittag mit mir zu den Willenichs gehen.«

Elizabeth war nicht sicher, ob Jessica gefallen würde, was sie ihr als nächstes erzählen mußte. »Ich muß die Gräfin wohl ein andermal besuchen gehen. Morgen nachmittag bin ich mit René verabredet«, erklärte sie ruhig.

»Elizabeth Wakefield! Ich glaube, ich spinne! Mensch, was du mir bis jetzt alles vorenthalten hast!«

»Ich habe dir überhaupt nichts vorenthalten, Jessica. All das ist doch erst heute passiert«, protestierte Elizabeth.

»Aber warum ausgerechnet mit René?« fragte Jessica und machte ein mißbilligendes Gesicht.

»Nachdem du heute abend weggegangen bist, ist er zu mir gekommen und hat mir gesagt, daß er sich in mir geirrt hat. Wir haben miteinander geredet.«

»Aber er war doch ein solches Ekel.«

»Er hat dir das Leben gerettet.«

»Ja ...«

»Jessie, ich habe mich auch in ihm geirrt. Er ist ein netter Kerl. Ich mag ihn.«

Jessica schwieg eine Weile. Ihr Gesichtsausdruck wurde weich. »Liz, ich möchte ja nur, daß du glücklich bist.«

Elizabeth nickte und strich sich eine blonde Haarsträhne aus dem Gesicht. Sie wußte, daß ihre Zwillingsschwester ernst meinte, was sie sagte. »Ich glaube, ich freue mich schon richtig darauf, etwas mit René zu unternehmen.«

Plötzlich grinste Jessica über das ganze Gesicht. »Ich hab's ja gewußt!« verkündete sie triumphierend. »Sobald ich gesehen habe, wie du Renés Bild anschaust, habe ich gewußt, daß du und er ...«

»Quatsch! Ich habe doch nur gesagt, daß ich morgen nachmittag etwas mit René unternehme. Als Freunde.«

Jessica schaute Elizabeth mit einem durchtriebenen Blick an.

»Warum siehst du mich so an?« fragte Elizabeth, obwohl sie genau wußte, was der Blick ihrer Schwester zu bedeuten hatte. »Wir werden uns nur ein bißchen näher kennenlernen, weiter nichts.«

»Na klar, Liz.« Jessica lachte.

»Jessie, wir sind doch nur noch für ein paar Tage hier. Dann fliegen wir wieder nach Sweet Valley zurück.«

»Genau«, stimmte Jessica zu. »Und bis dahin kann noch jede Menge passieren. Du wirst es schon sehen, Liz.«

»Ich glaube auch«, antwortete Elizabeth. Sie hatte das Gefühl, daß dies Tage sein würden, die sie nicht so leicht vergessen würde.

ENDE

Die
Super-Special

Band 56 504
*Der Ferien-Job und
die Jungs von Malibu*
Deutsche
Erstveröffentlichung

*Jessica hat mal wieder die tollsten Pläne für den Sommer gemacht,
für sich selbst und für ihre Schwester Liz gleich mit. Sie möchte
unbedingt, daß sie beide in Malibu als Kindermädchen arbeiten.
Nicht, daß Jessica Kinder wahnsinnig gut leiden könnte, aber so ein
Job ist für sie die einzige Möglichkeit, nach Malibu zu kommen.
Und Malibu, das heißt Jet-Set, tolle, aufregende Männer (am
besten Hollywood-Stars!), Sonne, Sand und Meer. Und das bißchen Arbeit im Haushalt und mit irgendeinem verwöhnten Balg
erledigt sie doch mit links!
Aber wie üblich, läuft nicht alles so, wie Jessica es sich ausgemalt
hat . . .*

Die
Super-Special

Band 56 501

*Ein Sommer
in Kalifornien*
**Deutsche
Erstveröffentlichung**

*Das soll eine Super-Ferien-Radtour sein? Es ist eher das
totale Chaos. Jessica ist ständig auf der Flucht vor einem
tolpatschigen Verehrer; Mr. Collins, der nette junge Lehrer,
liebt Mrs. Dalton – die aber scheint in Mr. Fowler verliebt
zu sein, dessen Tochter Lillian schrecklich eifersüchtig ist.
Lillian versucht alles, um Mrs. Dalton loszuwerden, und
schreckt nicht mal vor einer Erpressung zurück.
Elizabeth jedenfalls hat sich diese Ferientour ganz anders
vorgestellt. Und dann fällt auch noch ihr Freund Ted voll auf
die Tricks der hinterhältigen Courtney herein. Das Mädchen
aus Los Angeles lügt das Blaue vom Himmel herunter, aber
Ted glaubt ihr jedes Wort . . .*

*Wenn Ihr wissen wollt, wie es
ausgeht, dann holt Euch doch
den Roman im Buch- und
Zeitschriftenhandel!*

Die
Super-Special

Band 56 502
Klatsch und Küsse
in Sweet Valley
Deutsche
Erstveröffentlichung

Jessica ist mal wieder voll in ihrem Element. Denn nichts macht ihr mehr Spaß, als nach außen hin den Unschuldsengel zu spielen, während sie in Wirklichkeit vor keinem noch so miesen Trick zurückschreckt, um ihren Willen durchzusetzen.
Diesmal möchte Jessie bei der großen Weihnachtsparade unbedingt die Christmas-Queen sein, aber dazu muß sie natürlich zuerst die lästige Konkurrenz ausschalten. So was allerdings gehört für Jessie eher zu den leichteren Aufgaben; das lastet sie nicht aus. Also ernennt sie selbst sich noch zu Liz' Beschützerin, denn Suzanne kommt zu Besuch, und die hat Liz schon einmal ziemlich übel mitgespielt.
Doch um mit diesem Mädchen fertigzuwerden, muß Jessica sich echt anstrengen, denn Suzann ist mindestens genauso raffiniert wie sie ...